나비를 잡는
아이의 마음

┤ 작가의 말 ├

변화의 씨앗을 가져야 희망이 보인다

철학자 김형석 연세대 명예교수의 저서 가운데 『백세 독서』가 있습니다. 올해 104세인 김형석 교수께서 읽은 독서 편력을 기록한 에세이집입니다. 독서가 한 사람의 삶에 어떤 영향을 주는지 그 해답이 이 책에 있습니다. 독서 에세이라고 했습니다만, 저는 독서 철학이라고 말하고 싶습니다.

저 역시 특별한 주제를 가리지 않고 시간 날 때마다 책을 읽는데, 책을 손에 들면 소설 작품을 집필할 때만큼이나 즐거움에 빠집니다. 책 읽는 시간이 그렇게 즐겁습니다. 교보문고에서 3개월 평균 소비자의 독서량을 통계 내는데, 항상 최고 등급 프레티넘입니다. 자랑할 일은 아닙니다만, 독서는 소비가 아니라 투자라는 의미를 강조하려고 언급합니다. 이렇게 독서할 때 가끔 문학 작품이 아닌 '짧은 일상의 글'이 의외로 '사람을 향기롭게 세상을 아름답게 할 수 있다'라고 생각했습니다. 이런 숙제를 안고 있던 차에 몇 개 신문사로부터 칼럼 게재 청탁을 받고 쓰기 시작한 게 제법 작품이 모여 첫 칼럼집을 출간합니다. 대단한 지혜나 교훈을 전한다는 생각은 어불성설 가당치도 않습니다. 평범한 한 개인이 어느 날 자신의 사유를 관통한 이야기 하나를 놓치기 아까워 뜻이 통하는 분들끼리 공유하자는 의미에서라는 게 솔직한 심정입니다. 같은 생각을 하는 사람이 동시대에 함께 있다는 사실보다 더 행복한 일은 없을 듯싶습니다. 짬 날 때 하나씩 꺼내 읽으면서 변하는 세상을 함께 보았으면 좋겠습니다.

우리가 사는 세상(사회)은 매 순간 변합니다. 그런 수많은 변화를 거쳐 오늘 여기까지 왔습니다. 세상만 그렇게 바뀌는 게 아닙니다. 우리 자신도 그렇게 변합니다. 안타깝게도 우리는 대부분 그 변화를 읽지 못합니다. 변하는 것의 질량이 우리의 인식 밀도(密度, Density)보다 작아서 우리가 실제 느끼기도 전에 빠져나가 버려 이를 눈치채지 못하기 때문입니다. 그렇게 알지 못하는 사이에 그것들이 크게 변해서 낯선 모습으로 우리 눈앞에 나타났을 때 그제야 비로소 존재하는 건 모두 변한다는 사실을 압니다. 이와 동시에

| 작가의 말 |

옳고 그름의 선택도 알게 되지만, 이때는 이미 나의 의지로 변화의 길을 만들 수가 없습니다. 그러함으로 인식의 밀도를 더욱 촘촘하게 하여 변하는 것의 질량을 바라보며 나의 의지로 길을 낼 때 비로소 내가 희망하는 변화를 이루게 됩니다. 그 힘을 독서에서 얻을 수 있습니다.

통섭(統攝, consilience)이란 말이 새로운 문화어로 등장했습니다. 큰 줄기(統)를 잡다(攝)는 의미인데, 이 말에는 서로 다른 여러 가지를 한 그릇에 담아 하나의 새로움을 만든다는 의미가 담겼습니다. 세계적인 미국의 생물학자 에드워드 윌슨(Edward O. Wilson, 1929~2021) 교수가 이러한 시각으로 다양한 학문을 큰 한 줄기로 모아 정리한 저서 『Consilience(컨슬리언스)』를 그의 제자인 이화여대 최재천 교수가 '통섭'으로 번역하면서 여러 분야에서 이 말을 인용하고 있습니다.

분화한 하나의 사물을 보면서 전체를 볼 수 있어야 하며, 나아가 다른 사물들과의 관계 속에 어떻게 변화할 것인지를 예측할 수 있다면, 자기 삶은 물론이고 함께 사는 세상 또한 질서 속에 아름답게 발전해 갈 수 있을 것입니다. 그러도록 하는 힘은 다양하겠지만, 통섭 역시 그런 힘 가운데 하나입니다.

현대사회는 전문화 시대입니다. 분화할 수 있는 것은 모두 분화하여 전문인들에 의해 최고의 문명 최고의 문화를 창출하며 발전했습니다. 그러나 아무리 눈부시게 분화하여 발전했다고 하더라도 통섭을 거치지 않으면 제 기능을 발휘하는 문명 또는 문화가 되지 못합니다. 부분적인 최고 가치는 창출했지만, 최고의 문화로 재생산하려면 융합과 복합이라는 과정을 거쳐야 합니다. 문명과 문화는 인간이 이를 어떻게 사용하느냐로 목표가 귀결되기 때문입니다. 이 지구 위에 사는 모든 사람이 다 전문 연구자가 아니며 문화를 창출하는 생산자가 아닙니다. 이러하므로 문명과 문화를 인간이 '어떻게 활용해야 하느냐'라는 명제를 연구 단계에서부터 하나의 갈래로 들여놓아야 합니다. 이런 변화 가운데 하나가 컬처노믹스(Culturenomics)입니다.

| 작가의 말 |

컬쳐노믹스(culture nomics)는 컬처(culture)와 이코노믹스(economics)를 한 그릇에 담은 합성어입니다. 1990년 덴마크 코펜하겐대학의 피터 듀런드(Peter Duelund) 교수가 처음 사용하여 큰 반향을 일으켰습니다. 문화와 경제가 만나서 새로운 산업구조를 만드는 것입니다. 이를 산업뿐만 아니라 공공기관에도 컬처노믹스를 도입하여 사회경제 정책을 새롭게 발전시켰습니다. 오늘날 문화가 고도의 비즈니스로 재생산할 수 있었던 데는 이러한 사고의 전환이 큰 힘이 되었습니다.

한 줄의 문장, 한 권의 책에서 삶을 향기롭게 세상을 아름답게 하는 지혜를 담아 가기를 바랍니다.

2024년 갑진년 정월
說苑齋에서

愚公 김호운

| 차례 |

나비를 잡는 아이의 마음으로 /14

장르를 넘어 문학(文學)을 통섭(統攝)하자 /17

책 속에서 길을 찾는다 /20

매월당 김시습의 「사청사우(乍晴乍雨)」 /23

잘 익은 벼는 고개를 숙인다 /26

거꾸로 가는 '생각의 시계' /29

미네르바의 올빼미 /32

호라티우스의 '카르페 디엠' /35

우공(愚公)과 지수(智叟) /38

살바도르 달리의 「기억의 지속」과 메멘토 모리 /41

문화융성과 컬처노믹스 /44

엄마의 손맛과 더닝 크루거 효과 /47

「개미와 베짱이」, 그리고 「프레드릭」 /50

니체의 '아모르 파티'와 노자의 '거피취차(去彼取此)' /53

문학은 우리에게 무엇을 주는가 /56

문학은 익숙함과 낯섦의 경계에 있다 /59

안티프래질(Antifragile)이 필요한 시대 /62

상대의 언어로 대상 바라보기 /65

에센셜리즘(Essentialism)과 화광동진(和光同塵) /68

베이컨의 네 가지 우상설(偶像說)　/71

동시와 동화를 읽는 어른　/75

집, 그 집에 사는 사람의 향기　/79

'북콘서트'를 '册談會(책담회)'　/82

핑크대왕 퍼시와 견백론(堅白論)　/90

빈 수레가 요란하다　/93

욕먹으면 오래 산다　/95

인포데믹스(infodemics)가 춤추는 사회　/98

조화와 균형의 미학(美學) / 101

장자의 빈 배(虛舟)와 노자의 충기이위화(沖氣以爲和)　/104

사람들은 몇 개의 얼굴을 가졌을까　/107

현(絃) 위에서 춤추는 시간들　/110

지금은 공감과 이해가 필요하다　/113

부분과 전체를 잇는 맥락, 그리고 '챗GPT'　/117

화가 엔더스 소른의 「목욕하는 달라나 지방의 소녀들」　/121

'메타(meta)인지(認知)'와 소크라테스　/125

독서만권(讀書萬卷) 행만리로(行萬里路)　/128

인류 문화의 발전 동력, '이그노라무스(ignoramus)'　/132

나는 생각한다, 고로 존재한다　/136

/ 차례 /

대붕역풍비(大鵬逆風飛) 생어역수영(生魚逆水泳) /139

길 위에 선 현대인들의 고독 /142

코페르니쿠스적 발상 전환 /146

타우마제인(thaumazein), 그 일곱 살의 경이 /149

마음에 쌓은 담을 허물자 /153

플라톤의 「동굴 우화」 /157

밀란 쿤데라와 어느 할머니 작가들 /161

그 산, 그 사람, 그 개 /165

우리가 잠든 사이에 일어나는 일들 /168

일상 속으로 들어온 예술 /172

행복한 사회, '사람'이 그 꿈을 이룬다 /176

대나무의 '마디'는 성장을 위한 시련이다 /180

페르소나(persona), 잃어버린 내 모습 찾기 /183

'바람길'을 내주는 조화의 미학(美學) /187

책에서 길을 찾자 /190

침묵이 외치는 소리 /194

나무에서 아름다운 질서를 배우자 /199

톨스토이가 본 달걀만 한 호밀 씨앗 /203

청백리 최부(崔溥)와 송흠(宋欽) /208

실패와 방황이 성공에 이르게 하는 힘이다 /213

왜 책을 읽어야 하는가 /218

돈키호테와 견리사의(見利思義) /223

의사소통으로서 언어의 순기능과 역기능 /228

파노플리 효과(Panoplie effect)와 고독 /233

아름다운 시절, 벨 에포크(Belle Époque) /238

다자이 오사무의 중편소설 『인간실격』 /242

레프 톨스토이의 『인생론』과 아름다운 삶 /247

욕망으로 '자유'를 그린 화가 에곤 실레 /252

나비를 잡는
아이의 마음

나비를 잡는 아이의 마음으로

'나비를 잡는 아이의 마음'이 사람을 바꾸고 세상을 바꾼다. 『사기』를 집필한 중국의 사마천이 그러했다. '나비를 잡는 아이의 마음'은 연암(燕巖) 박지원(朴趾源, 1737~1805)이 절친이자 경쟁자였던 창애(蒼厓) 유한준(俞漢雋, 1732~1811)에게 보낸 편지글에 나오는 말이다. 창애가 『사기』를 다 읽은 기쁜 마음을 연암에게 편지로 전했다. 그러자 연암은 "『사기』의 내용을 읽은 일이 중요한 게 아니라 나비를 잡는 아이의 마음으로 『사기』를 완성한 사마천의 마음을 읽어야 한다"라고 답장을 보냈다. 책을 읽을 때는 지은 이의 마음도 함께 읽으라는 뜻이다.

나비를 잡기 위해 아이는 잔뜩 몸을 낮추고 엄지와 검지를 ㄷ모양으로 만들어 조심스럽게 나비에게 다가간다. 그러고 나서 넘치지도 모자라지도 않는 힘으로 나비를 잡아야 한다. 힘이 넘치면 잡은 나비에게 상처를 입히고 힘이 모자라면 나비를 놓친다. 넘치는 것보다 모자라는 게 더 낫다는 걸 알기에 아이는 자주 나비를 놓친다. 나비를 놓친 아이는 아무도 보는 사람이 없음에도 주위를 한번 돌아보며 부끄럽고 아쉬운 마음을 혼자서 달랜다. 나비를 놓친 텅 빈 이 아이의 가슴에는 이제 세상을 담을 아름다운 꿈 하나가 싹을 틔울 것이다.

 나비를 잡는 아이의 이런 마음이 세상에 『사기』를 남기게 했다. 우리 문학인들이 남기는 작품 역시 그러하다. 우리가 나비를 잡는 아이의 마음으로 세상을 바라볼 수 있다면, 그러한 세상은 참 아름답고 평화로울 것이다. 살아가는 방법을 가르쳐 준 세상과 지혜를 쌓게 해준 자연을, 그 스승과 벗을 액자에 갇힌 좁은 잣대로 움직이려 하거나 거스르려고 하면 자연과 세상은 우리에게서 멀어진다.

 연암이 열하(熱河)로 갈 때 요동 땅 고죽성 옆을 흐르는 롼허(灤河;난하)를 지나갔다. 함께 가던 사신 일행들이 빼어난 풍광을 보고 "산수(山水)가 그림 같다"라며 감탄하자 연암은 "그대들은 그림도 모르고 산수도 모르네. 그림이 산수에서 나왔는데 어찌 산수를 보고 그림 같다고 하는가"하고 나무랐다. 자연을 보지 못한 채 산수화(山水畵)만을 보고 감탄하는 사람은 액자 속에 든 그 산수가 자연의 모든 것인 줄 안다. 그래서 그림을 그린 화가의 마음을 보지 못한 채 액자(틀) 안에 갇힌 시선으로 자연과 세상을 이야기한다.

우리가 아는 건 보고 배운 틀 속의 모양일 뿐이다. 그 작은 그릇에 세상을 다 담았다고 여기면 그릇은 깨어지고 만다. 깨지지 않은 넉넉한 그릇을 가진 사람만이 세상을 바로 보고 바로 세운다.

장르를 넘어 문학(文學)을 통섭(統攝)하자

 우리 문학이 좀 더 발전하고 사회로부터 독자로부터 예술로 사랑받기 위해서는 장르를 넘어 문학을 통섭(統攝, consilience)하는 노력이 필요하다. 통섭이란 말은 본래 '큰 줄기를 잡는다'는 뜻이지만 여기에서 말하는 통섭은 '서로 다른 장르를 한데 묶어 문학의 큰 줄기를 만든다'는 의미로 사용했다. 여러 학문을 서로 융합하여 새로운 덩이의 학문을 생성한다는 의미로 미국 생물학자 에드워드 윌슨(Edward O. Wilson)이 Consilience라고 한 것을 최재천 교수(이화여자대학교)가 이를 '통섭'으로 번역하여 새로운 문화어(文化語)로 등장했다.

 '통섭'이라는 단어를 새삼 언급하는 건 우리 문학을 새로운 발전 패러다임으로 전환하는 데 있어서 무엇보다 각 장르가 벽을 넘어 서로 융합하며 새로운 문학의 꽃을 피우는 작업이 필요하다는 걸 강조하기 위해서다.

모두가 그런 건 아니지만, 시인이 수필이나 소설 등을 잘 읽지 않는다든지 수필가가 시니 소설 등을 잘 읽지 않는다든지 소설가가 시나 희곡 등을 잘 읽지 않는 경우가 더러 있다. 여기에 열거하지 않은 다른 장르 문학인들도 이런 경우가 있을 것이다. 자기 장르에서조차도 동료 문학인의 작품을 잘 읽지 않거나 심지어 동화와 동시를 어린이들만 읽는 문학인 줄 알고 읽지 않는 분들이 있다. 이렇듯 우리 문학인들은 다른 장르 문학에 매우 폐쇄적이며 자기 장르에만 몰입하는 분들을 더러 본다. 심지어 문학 모임에 가보면 자기 장르 문학인들끼리 모여 있다. 시인 속에 소설가가 낀다든지 소설가 속에 시인이 낀다든지 희곡 작가들 속에 수필가가 끼면 이상하게 느낀다. 이런 폐쇄된 모습으로 일반독자들에게 문학을 사랑하고 이해하라고 할 수는 없다.

문학인은 모름지기 광의(廣義) 해석으로 문학 예술인이며, 그러하므로 다른 장르 문학을 넘나들며 통섭해야 한다. 문학을 총론(總論)으로 보면 시 · 시조 · 민조시 · 소설 · 희곡 · 평론 · 수필 · 청소년 문학 · 아동문학 · 외국 문학 등 모든 장르는 각론(各論)이다. 이 각론이 모여서 '문학'이라는 큰 숲을 이룬다. 신이 인간에게 다양한 재능을 주지 않아 전 장르 문학을 두루 창작할 수는 없을지라도 이해할 줄은 알아야 한다.

같은 그릇에 담겨 있기 때문이다.

 독자들은 시 독자, 소설 독자, 희곡 독자, 수필 독자 등으로 나뉘지 않는다. 그냥 문학 독자다. 시집을 읽으면서 시 독자라 하지 않고 소설을 읽으면서 소설 독자라 굳이 나누려 하지 않고 그냥 문학을 즐기는 독자다. 우리 문학인들은 자기 장르의 작품을 읽는 독자를 '시 독자' '소설 독자'라 구분하여 부르고 싶어 한다. 시를 읽는 독자가 소설을 읽고 수필도 읽는다. 이 독자들은 문학(총론)을 가까이하려고 하는데 작품을 창작하는 문학인은 자기 장르(각론)에 성벽을 쌓고 나누려고 한다면 독자에게 올바른 문학을 전달할 수 없다.

 장르의 벽을 넘어 문학을 통섭해야 한다. 그리하여야 독자들이 문학을 총화로 이해하고 사랑하게 된다. 장르를 넘나드는 문학의 통섭은 문학을 존중하고 문학인을 존경하는 일이기도 하다. 문학인이 문학을 존중하고 동료 문학인을 존경할 때 독자들이 문학을 사랑한다. 문학을 자기 장르의 좁은 울타리에 가두지 않고 그 벽을 허물고 통섭의 광장으로 나아갈 때 더 많은 독자가 우리 문학을 사랑할 것이다.

책 속에서 길을 찾는다
― 사르트르의 『구토』와 질 들뢰즈의 『차이와 반복』

  문청(文靑) 시절 수차례나 읽기를 반복하다가 겅중겅중 건너뛰며 읽다가 결국 완독하지 못하고 꽂아두었던 사르트르의 소설 『구토』를 얼마 전에 다시 꺼내 읽었다. 그동안 어쩌다 이 작품이 화제에 오르면 나도 모르게 슬그머니 꽁지를 내리곤 했던, 내게 실존철학에 대한 콤플렉스를 안겨준 작품이다. 이 작품을 다시 읽고 싶어진 건 지금 우리가 사는 세상이 그 해답을 요구하기 때문이다.

  인간과 사회는 참 복잡한 구조로 엮여 있다. 알면 알수록 더 혼란스럽다. 그래서일까. 관심은 가지지만 알려고 노력하는 사람은 별로 눈에 띄지 않는다. 똑똑할수록 더 단순하게 생각하며 그냥 흘러가는 대로 많은 사람이 가는 길을 따라가고 싶어 한다. 반복되는 학습효과에 빠져버렸다. 보편적인 게 행복하다는 등식이 굳어진 이 틈을 비집고 들어온 적당히 아는 사람들이 지배하는 세상으로 변질했다(더닝 크루거 효과;Dunning Kruger effect).

'실존주의의 선언임과 동시에 문학예술에 대한 설득이다'라고도 하는 소설 『구토』는 문학과 철학의 경계에 서 있다. 주인공 앙트와느 로캉탱(Antoine Roquentin)은 실존과 본질 사이를 오가며 현실에서 부조화가 일어날 때마다 구토 증상을 일으킨다. 토악질이라 번역했지만, 사실은 그런 '증상'이다. 이 증상은 존재의 가치를 줄타기하며 다람쥐 쳇바퀴 돌듯 '차이와 반복'을 계속한다. 어쩌면 이것은 사르트르가 프랑스어로 '젊어 보이려고 하는 늙은이'라는 뜻을 가진 roquentin(로캉탱)을 주인공의 이름으로 선택한 까닭이 아닐까 싶다.

그래서일까. 미셸 푸코(Michel Foucault, 1926-1984))가 20세기를 정리할 철학자라며 극찬했던 질 들뢰즈(Gilles Deleuze, 1925-1995)가 『차이와 반복』이라는 두툼한 철학서를 우리에게 화두로 던졌다. 이 책 역시 젊은 날 내가 읽다가 내던진 『구토』처럼 좀처럼 진도가 나가지 않았다. 올 한 해 동안 다 읽을 수 있을까 고민하던 터에 "다행히 우리에게는 사르트르가 있었다. 후덥지근한 좁은 방에 갇혀 있던 우리에게 그는 신선한 공기였으며, 시원한 뒷마당의 상큼한 바람이었다"라고 한 질 들뢰즈의 말을 발견하고 사르트르의 『구토』를 꺼내 다시 읽었다.

이해할 수 없는 세상을 이해하게 될 때 '제대로 사는 방법' 또한 알 수 있을 것이다. 한나 아렌트(Hannah Arendt, 1906-1975)가 사르트르 저작 중 가장 뛰어나다고 했던 소설 『구토』, 그리고 질 들뢰즈의 『차이와 반복』을 완독하고 나면 이해할 수 없는 세상을 이해할 수 있는 그 길을 볼 수 있을 거라는 희망이 생긴다.

매월당 김시습의 「사청사우(乍晴乍雨)」

 문득 매월당 김시습의 시 「사청사우(乍晴乍雨)」를 떠올린다. 乍晴乍雨(사청사우)는 '날이 개었다 비가 내렸다' 한다는 뜻이다. 한 해를 여는 문 앞에서는 대개 밝고 행복한 이야기를 한다. 희망은 언제 들어도 반가운 말이다. 그러하나 오늘을 살아가는 우리에게는 입에 발린 소리보다 좀 더 솔직한 이야기가 희망에 한 걸음 다가가는 덕담일 듯하여 있는 그대로 세상 이야기를 하고 싶다.

 사람 사는 곳은 어디에서나 바람 잘 날 없다. 어떤 분은 삶이 다 그런 거라고 말한다. 딱히 틀린 말은 아니다. 그렇게 살면 그렇게 살아가는 거려니 하겠으나 이왕이면 그 빈틈에 아름다운 꽃 한 송이라도 피우는 여유를 가진다면 더 향기로운 인생이 되지 않을까. 옥토만이 땅이 아니다. 바위틈을 비집고 나와 자라는 꽃도 있다.

 코로나19가 창궐하여 두 해째 우리 삶을 위협하며 괴롭힌다. 자영업 하는 분들은 영업이 안 되어 생계를 위협받고, 평범한 시민들 가운데는 일상을 빼앗겨 우울증으로 힘들어하는 분들도 있다. 이 난국을 빠져나가야겠는데 어느 곳을 돌아보아도 당장은 딱히 희망이 보이지 않는다. 힘을 모아도 모자랄 판에 정치하는 분들은 이런 현상이 보이지 않는지 서로 자리를 안 뺏기겠다며 싸움질만 한다. 국민은 어느 쪽이 나를 도와줄까 눈치를 보며 저울질해 보지만 어느 쪽도 쉬 희망을 가져다줄 것 같지 않다.

잠시 개었다 다시 비가 오고, 비가 오다가 다시 날이 개는구나
하늘의 이치가 이러하거늘 하물며 세상의 인정이랴

나를 칭찬하던 이가 오히려 나를 헐뜯고
공명을 피하던 이가 다시 명예를 구하려 하네

꽃이 피고 지는 것을 봄이 어찌 상관할 수 있으랴
구름이 가고 오는 것을 산은 다투지 않는다

세상 사람들아, 모름지기 내 말 잘 새겨들으시오
즐겁고 기쁜 일을 평생 누리는 곳은 어디에도 없다오
—매월당 김시습 「사청사우」 전문

행복과 희망은 멀리 있는 게 아니라 내 가슴에 있다. 내 안을 못 보고 욕심스레 밖에다 산처럼 쌓는 행복은 크게 쌓일수록 빨리 무너진다. '즐겁고 기쁜 일을 평생 누리는 곳은 어디에도 없다오' 하는 매월당의 시구처럼 평생 누릴 수 있는 행복은 밖에 있는 게 아니라 무너지지 않는 내 안에 있다.

한 편의 문학 작품이 이렇듯 가슴에 묻어둔 자신의 마음과 세상을 제대로 보는 눈을 만들어준다. 「사청사우(乍晴乍雨)」를 음미하며 꽃이 피고 지는 내 안의 봄을 보게 되면 바위에서 피는 꽃도 볼 수 있다.

잘 익은 벼는 고개를 숙인다

『역경(易經)』에 '亢龍有悔(항룡유회) 盈不可久(영불가구)'라는 말이 있다. '하늘 끝까지 올라간 용은 더 올라갈 수 없으니 내려올 수밖에 없고, 무엇이든 꽉 채우면 오래가지 못한다'라는 뜻이다. 계영배(戒盈盃)는 술을 70% 정도만 담을 수 있도록 만든 잔이다. 채우고 넘치도록 술을 따르면 그 잔을 든 사람이 쓰러진다.

비석(碑石)에 기록하는 비문(碑文)은 음각(陰刻)으로 새긴다. 비석 자체를 글자로 만들기 위해서다. 돌이 글자를 품었으며, 표현하고자 하는 글자는 모두 그 돌 안으로 들어갔다. 말하자면 비석의 몸인 돌 전체가 글자가 된 셈이다. 그래야 비석에 새긴 글자가 오래 살아남는다. 비석을 만들 때 돌의 질을 중요하게 여기는 이유도 여기에 있다. 모진 비바람을 맞는 건 글자가 아니라 글자를 품고 있는 돌이다. 비석 몸이 닳아 없어지지 않는 한 비문은 오랫동안 지워지지 않는다. 만약 비석의 글자를 도드라지게 양각(陽刻)으로 하면 글자가 비바람을 먼저 맞게 되어 돌보다 글자가 더 일찍 사라진다.

지도자의 탄생 과정도 이와 같다. 도드라진 제주가 키운 힘으로 대중(大衆)을 끌어들인 지도자, 즉 재주가 많음을 앞세워 스스로 자신을 지도자로 만들면 쉬 부서진다. 올바른 지도자는 대중 속으로 들어감으로써 대중의 힘으로 만들어진다. 도드라져서 떠오르는 게 아니라 대중이 품도록 해야 한다. 그리하면 대중이 크고 튼튼할수록 더 오래도록 남는 훌륭한 지도자가 된다. 대중은 앞서 언급한 비석의 돌과 같다. 양각이 아니라 음각을 하면 그 지도자는 대중이 존재하는 한 살아남을 수 있다. 대중의 품에 들어가는 건 도드라진 재주가 아니라 대중의 마음 여백에 넘치지 않게 담기는 겸손이다. 잔을 든 사람을 쓰러뜨리지 않는 계영배와 같은 술잔이 되는 일이다.

이게 어찌 지도자에게만 해당하는 이야기겠는가. 우리가 살아가는 일 또한 이와 다르지 않다. 자신의 재주만 믿고 제 잘 났다고 도드라지면 사람들로부터 쉬 잊힌다. 나의 잘난 모습을 보이는 게 아니라 사람들이 '나'를 품게 만들어야 나의 존재가 오래도록 기억에 남는다. 내가 사람들을 이끄는 게 아니다. 사람들이 나에게로 오게 하는 것, 여백(餘白)을 만드는 이 겸손이 올바른 존재가치를 만든다.

과유불급(過猶不及), 『논어』「선진편(先進篇)」에 나오는 이 말은 공자가 제자 자공에게 '지나침은 모자람보다 못하다'라고 깨우쳐준 가르침이다.

거꾸로 가는 '생각의 시계'

한나 아랜트(Hannah Arendt, 1906~1975)는 '인간의 조건'으로 노동(labor), 작업(work), 행위(action)를 제시했다. 노동은 먹고살기 위해 하는 일, 작업은 질 높은 삶을 위해 하는 창조적인 일, 행위는 사람과 사람 사이를 잇기 위해 하는 행동을 말한다. 이 가운데 노동과 작업은 인간뿐만 아니라 다른 동물들도 하는 일이며, '행위'는 수많은 사람으로 구성된 오늘날 사회에서 서로 의견을 내놓고 소통하는 일로서 오직 사람만이 할 수 있다.

한나 아랜트가 말한 '행위'에서의 소통은 서로 같은 생각을 이루는 게 아니라 각기 다른 의견을 가지고 조화를 이루는 다원화사회(多元化社會)를 일컫는다. 이것이 곧 우리가 인간임을 나타내는 '조건'이다. 인간다운 삶과 정치적 삶은 이런 행위로 말미암아 만들어진다.

지금 우리는 이와 반대로 가고 있다. 자기 목소리를 감추거나 포기하면서 같은 의견으로 통일된 목소리를 내려고 한다. 다른 목소리를 내면 설득하거나 응징하며 동질성으로 다듬어 집단 속으로 끌어들인다. 다른 목소리를 내고 싶은데도 외톨이가 되는 게 두려워 같은 목소리를 내야만 살아가는 세상이 되었다. 옳고 그름으로 소통하는 게 아니라 '내 편' '네 편'으로 가르고 내 편이 하는 일은 무조건 정당하며 상대편이 하는 일은 옳은 일도 그르게 조작해서라도 '삭제'시켜야 한다. 이렇게 나뉜 '틀(frame)'에 들어가지 않으려면 침묵해야 한다. 인간이 되기 위해 해야 하는 '행위'가 사라지고 먹고 살기 위해 다른 동물들도 하는 노동과 작업으로만 살아가야 하는 그런 세상으로 변하고 있다.

일찍이 아리스토텔레스는 인간을 생각하는 동물이라고 정의했다. 수많은 철학자가 이 명제로 인간과 동물을 구분하기도 한다. 아이러니하게도 눈부시게 진보한 21세기에 이르러 '생각하는 일'을 싫어하는 사람들이 늘어 간다. 머리 아프게 이것저것 고민할 필요 없이 만들어준 '틀' 속으로 들어가기만 하면 힘들이지 않고 주류에 편입하며 일정한 지분의 권력까지 챙겨 큰소리칠 수도 있다. 이 빠르고 쉬운 지름길을 두고 누가 힘들게 에움길로 가려고 하겠는가. 대중의 지지를 받아야 하는 정치인들은 눈치 빠르게 이 달콤한 '지름길'을 맞깔스럽게 요리해서 제공한다. 그런 지름길을 만들면 쉬 동조자를 모아 목적을 이룰 수 있다. 이리하여 우리는 자신도 모르는 사이에 그렇게 모두 정치인이 되거나 정치인의 추종 세력이 되어버렸다.

『장자』'소요유(逍遙遊)' 편에 庖人雖不治庖(포인수불치포) 尸祝不越樽俎(시축불월준조) 而代之矣(이대지의)라는 말이 있다. 요리사가 음식을 만들지 않는다고 해서 제사장이 제사를 내버려 둔 채 주방에 들어가 요리사를 대신해 음식을 만들지 않는다는 뜻이다. 우리는 각기 제 자리에서 해야 할 일이 있다. 그러함에도 마치 내가 다 할 수 있다는 오만으로 내 일을 팽개치고 이 일 저 일 남의 일에 참견하면 조화와 질서가 무너진다.

미네르바의 올빼미

제우스와 사랑을 나눈 메티스가 임신하자 예언자가 "메티스에게서 태어날 아이는 제우스보다 더 지혜롭다"라고 예언한다. 이 예언을 두려워한 제우스는 메티스가 낳은 아이를 얼른 삼켜버렸다. 곧바로 머리가 터질 듯 아파 제우스는 황급히 대장장이 신 헤파이토스에게 자신의 머리를 가르라고 명령한다. 헤파이토스가 제우스의 머리를 가르자 한 손에 창을 다른 한 손에 방패를 든 지혜의 여신 아테나(Athena)가 뛰쳐나왔다. 아테나 여신이 든 방패가 아이기스(aegis)며 '신의 방패'로 불리는 해군 함정 이지스는 아이기스의 영어 이름이다. 그리스의 수도 아테네를 지키는 이 아테나 여신이 로마 신화에서는 미네르바(Minerva)로 불린다.

넘치는 욕망으로 잠시 지혜를 잃은 신들의 왕 제우스도 그 속물 머리를 깨자 지혜의 여신 아테나가 나왔다. 지혜를 얻으려면 자신의 머리를 깨는 만큼의 발상 전환이 필요하다는 의미를 이 신화가 보여주고 있다.

지혜와 철학의 여신 미네르바(아테나)는 올빼미로 상징한다. 관념론 철학자 헤겔은 자신의 저서 『법철학』 서문에서 "미네르바의 올빼미는 황혼 녘이 지나면 날개를 편다"라고 했다. 지혜를 무기로 자신을 성찰하라는 의미다. 일상으로 분주한 낮에는 잊고 지내다가 그 일상을 내려놓는 어둠이 찾아오면 비로소 사람들은 자신을 되돌아본다. 황혼 녘이 지나고 어둠이 찾아오면 날개를 펴는 올빼미를 닮았다.

장자는 지혜(道)를 나비로 상징했다. 장자가 말한 '오상아(吾喪我)'가 도추(道樞)며, 이 도추에서 樞(지도리)가 나비 모양으로 생겼다. 吾(오)는 지혜로 뭉친 참 '나'며 我(아)는 분주한 일상으로 위장한 허상의 '나'다. 허상의 나[我]를 죽여야 참 나[吾]를 본다. 밝은 낮(분주하게 일상에 쫓길 때)에는 볼 수 없으나 그 일상이 사라지는 어둠이 찾아오면(외로이 홀로 깨어 있을 때) 비로소 참 나를 볼 수 있다. 지도리(나비)처럼 양 날개가 균형을 이룰 때 올바른 지혜의 눈(道)을 뜬다. 제우스의 머리를 깨고 나온 미네르바의 올빼미와 닮았다.

인간의 실존 세계를 그린 작품으로 평가받은 손창섭의 단편소설 「인간동물원초人間動物園抄」(『문학예술』, 1955년 8월호)를 보자. 매일 반복되는 원초적 본능만 존재하는 감방에 갇힌 죄수들의 일상을 그린 소설이다. 이들이 기다리는 유일한 희망은 창살로 막은 감방의 작은 창문을 통해 바깥세상을 내다보는 일이다. 변하지 않은 일상이 반복되는 감방과 달리 푸른 하늘과 매일 변하는 바깥세상을 바라보며 이들은 살아있음을 확인한다. 이 창문은 인간에게 좁은 울(鬱)에서 벗어나 자유로운 의식 변화로 존재 가치를 확인하는 미네르바의 올빼미며 장자의 나비며 플라톤이 말한 이데아(idea)다. 소설 「인간동물원초」는 이데아를 설명한 플라톤의 「동굴 우화」와 닮았다.

라파엘로가 그린 명작 「아테네 학당」 광장에는 머리를 깨고 나온 미네르바의 올빼미들이 날고 있다. 지혜의 눈으로 자신과 세상을 지키고 가꾸라는 교훈이다.

호라티우스의 '카르페 디엠'

 시간을 보기 위해서가 아니라 무심히 오락처럼 시계를 바라본 적 있는가. 없다면 조용할 때 그렇게 시계를 한번 들여다보면 필자처럼 재미있는 현상을 발견할지 모른다. 디지털이 아닌 초침·분침·시침이 움직이는 아날로그 시계여야 한다. 종종걸음 하는 시계의 초침 소리를 가만히 듣고 있으면 숨이 막힐 듯한 압박을 느낀다. 겅중겅중 뛰는 분침을 보고 있으면 뭔가에 쫓기는 듯한 착각에 빠진다. 움직임이 거의 없는 시침을 바라보면 속이 터질 듯한 답답함을 느낀다.

 이것이 열심히 일하느라 미처 발견하지 못한 현재 '나'의 모습이다. 우리는 늘 그렇게 무엇에 쫓기듯 오늘을 살고 있다. 많은 철학자와 선지식인들이 과거와 미래를 잊고 오늘 지금 열심히 살라고 했다. 과거와 미래가 중요하지 않다는 의미가 아니다. 미래가 없으면 희망이 없고 과거가 없으면 성찰이 없다. 과거와 미래를 버리라는 게 아니라 부질없는 미련(과거)

과 욕망(미래)을 위해 오늘을 희생시키지 말라는 경고다. 오늘 현재를 충실히 살면 반드시 오고야 마는 내일이 되면 어제의 오늘은 과거가 된다. 또한 반드시 오게 되는 내일은 오늘의 미래다. 결국 과거와 미래는 '오늘'이 만든 결과다. 지난 일에 미련을 두고 다가올 미래를 고민하며 오늘을 소홀하게 하면 과거도 미래도 함께 희생당한다. 오늘이 없는 사람에게는 과거와 미래도 없다. 그저 바람처럼 지나가는 세월일 뿐이다.

카르페 디엠(Carpe diem)! 1989년 톰 슐만(Tom Schulman)의 소설 『죽은 시인의 사회』를 원작으로 한 영화 「죽은 시인의 사회」가 개봉되자 한동안 이 말이 유행했다. '오늘 지금을 즐겨라'라는 뜻이다. 명문 웰튼 아카데미에 새로 부임한 국어 교사 존 키팅과 제자 6명이 벌이는 이야기로 틀을 깨고 자유로운 이상을 가지라는 교육소설이다.

출세를 위해 틀에 박힌 교육을 받는 제자들에게 키팅이 "카르페 디엠!"하고 외친다.

'카르페 디엠'이란 말은 고대 로마 시인 호라티우스(Quintus Horatius Flaccus)의 시에 처음 등장한다. 『송가(頌歌, Odes)』 제1권 열한 번째 작품 「묻지마라, 아는 것이」의 마지막 구절이 '내일은 믿지 마라. 오늘을 즐겨라(Carpe diem)'다(호라티우스 『카르페 디엠』, 민음사, 2021, p.33).

이 말은 단순히 먹고 즐기자는 게 아니라 오늘(지금)에 충실해야 아름다운 과거도 희망찬 미래도 생긴다는 의미다. 호라티우스는 제1권 세 번째 작품 「그렇게 너를 퀴프로스의」의 마지막 구절에서 '인간에게는 못 할 일이 없었다 / 우리는 어리석게도 하늘을 도모하며 / 우리의 범죄로 유피테르가 / 성난 번개를 던지도록 만들었다'(호라티우스 『카르페 디엠』, 민음사, 2021, p.20)라고 했다.

  유피테르(Jupiter)는 로마신화의 최고신이며 그리스 신화에서는 제우스다. 인간의 욕심이 도를 넘으면 신이 벌을 내린다. '미래의 창고'를 채우려는 마음이 욕심이다. 카르페 디엠은 미래의 창고를 채우려고 '오늘(지금)'을 소홀히 하면 미래의 창고는 텅 빈다는 지혜를 담은 시다.

우공(愚公)과 지수(智叟)

　우공과 지수는 『열자(列子)』「탕문편(湯問篇)」 고사(古事)에 나오는 주인공 이름이다. 이름에서 보듯이 '愚公(우공)'은 어리석은 사람이며 '智叟(지수)'는 지식을 쌓은 똑똑한 사람이다. 이야기는 이렇다. 바깥으로 나다니기 힘들게 마을 앞을 가로막은 태행산(太行山)과 왕옥산(王屋山)을 우공이 허물려고 한다. 산을 허문 흙은 수레에 싣고 700여 리 떨어진 발해만으로 가져가서 버려야 하는데 거기까지 한 번 다녀오자면 거의 일 년이 걸린다. 나이 90에 이른 우공이 이 엄청난 일을 시작하자 지수가 참 어리석다며 비웃는다. 그러자 우공은 "내 생애에 다 못하면 내 자식이 할 것이고 내 자식이 다 못하면 내 손자가 할 것이니, 자자손손 대가 이어진다면 언젠가는 반드시 이 두 산이 없어질 것이다"라고 했다.

　'우공이산(愚公移山)'이라는 고사성어가 이 이야기에서 나왔다. 우리는 우공이산을 '열심히 하면 반드시 이룰 수 있다'

라는 뜻으로만 알고 있으나 여기에 깊은 의미 하나가 더 숨겨져 있다. 할 수 있는 일과 할 수 없는 일을 분별하라는 가르침이 그것이다. 할 수 있는 일을 하지 않는 사람도 어리석지만 할 수 없는 일인데도 굳이 하려는 사람은 더 어리석다. 그러하므로 할 수 있는 일은 열심히 하면서 할 수 없는 일에 손대지 않는 이가 참 지혜로운 사람이다. 이런 지혜로운 사람이 모이면 버리는 일 없이 모두 제 할 일을 잘해서 세상의 결이 반듯하게 잘 서게 된다.

그런 지혜로운 사람이 필요한데 세상에는 내남없이 오만과 편견에 빠진 사람들이 득시글거린다. 제 일은 팽개쳐 두고 마치 제 것이기나 한 양 남의 일에 감 놔라 배 놔라 하며 입에 거품 물고 훈수 드는 걸 정의로운 행동이라 여기는 사람들이 세상에 차고 넘친다. 그러다 급기야 내 편 네 편으로 패거리 지어 서로 다투기까지 한다. 이런 혼탁한 세상이 올 줄 오래전에 예단한 열자(列子)가 우공(어리석은 사람)을 지혜롭게 지수(똑똑한 사람)를 어리석게 이름이 주는 의미를 뒤집어서 이야기를 만들었다. 사람들은 '우공이산'에 숨겨 놓은 이 깊은 뜻을 새기지 못하고 '나만 할 수 있다'라며 여전히 오만과 욕망을 좇는다.

어느 모임에 참석했을 때다. 독설가로 소문난 한 문학평론가가 "지식인들이 지금 우리 사회를 망치고 있다"라고 했다. 지식인들이라 자처하는 분들이 들으면 언짢아할지 모르나 듣고 나서 가만히 새겨 보니 영 틀린 말은 아닌 듯하여 나는 씁쓸하게 속웃음을 웃었다.

참지식인은 켜켜이 쌓은 지식(知識)을 말로 드러내지 않고 그 지식을 녹인 지혜(智慧)로 행동한다. '우공이산'에 나오는 우공이 그러한 사람이다.

살바도르 달리의 「기억의 지속」과 메멘토 모리(Memento mori)

아침 뉴스를 보다가 문득 스페인 화가 살바도르 달리(Salvador Dalí i Cusí, 1904~1989)의 작품 「기억의 지속(The Persistence of Memory)」이 생각났다. 중등학교 교과서에 나올 정도로 유명한 달리의 대표 작품이다. 카탈루냐의 햇볕이 뜨겁게 이글거리던 날 바르셀로나에서 열차를 타고 피게레스에 있는 달리미술관을 찾아가던 기억도 함께 떠오른다.

지나간 기억을 끌고 와서 흐르는 시간을 변형하려는 사람들, 이 남의 기억을 따라 하면서 거기에 자기 풋대를 세우려는 사람들, '망량문영(罔兩問景)' 고사처럼 그림자의 그림자를 좇는 걸 즐기는 사람들이 부쩍 많아졌다. 무의식의 가상공간에서 자기 세상을 만들려는, 달리의 초현실주의 작품 「기억의 지속」을 보는 듯하다.

뉴욕 현대미술관에 있는 「기억의 지속」은 달리가 28살이던

1931년에 그린 크기가 33×24cm인 소품이다. 여명인지 일몰인지 모를 애매한 시각이 수평선에 걸린 사막을 배경으로 한 이 작품에는 모두 4개의 시계가 등장한다. 그중 하나는 테이블 위에 있는 호박(琥珀)처럼 생긴 시계다. 시계 자판에 개미들이 득시글거리기는 하나 그나마도 이 시계만 제대로 형태를 지니고 있다. 나머지 3개는 곧 흘러내릴 듯이 흐물거리며 축 늘어졌다. 그중 하나는 죽은 나뭇가지에, 하나는 테이블 모서리에, 나머지 하나는 사막에 내동댕이쳐진 살점 덩이처럼 이상하게 변형된 사람의 얼굴 위에 걸쳐져 있다. 이 그림들은 무의식의 공간에 흩어져 있는 각각의 기억들이다. 시계(인간의 삶, 또는 기억)가 녹아 늘어지든 멀쩡하든 시간은 계속 흐르며, 흐르는 이 시간 위에 영원한 건 없다.

이 작품을 관통하는 일관된 메시지는 죽음이다. 개미 떼가 오글거리는 호박처럼 생긴 시계에서 그 극명함을 본다. 호박은 보석이다. 보석 같은 삶에도 개미가 득시글거린다. 어릴 때 본 벌레와 박쥐의 사체에 달려들던 개미 떼의 기억을 달리가 여기에 옮겨놓은 것이다. 테이블에 걸쳐져 흘러내리는 시계 위에도 파리 한 마리가 앉아 있다. 샤무엘 베케트의 「고도를 기다리며」를 보는 듯 외로이 서 있는 메마른 나뭇가지에 빨래처럼 걸린 시계, 이상하게 변형된 얼굴에서 녹아내리는 시계, 이 모두 흐르는 시간 위에 옮겨놓은 기억들이다. 이 변형된 얼굴에는 입이 아닌 코에 혀가 달렸다. 맛난 냄새를 맡던 코와 맛난 음식을 먹던 혀는 한통속이라는 뜻일까. 강렬한 속눈썹이 붙은 지그시 감은 눈은 무의식의 세계, 꿈꾸는 현상을 표현한다.

달리의 작품「기억의 지속」은 자기의 죽음을 기억하라는 뜻의 라틴어 '메멘토 모리(Memento mori)'다. 잘난 사람 큰소리치는 사람들에게 '자신의 삶 앞에 겸손하라' 외친다. 흐르는 시간 위에 영원한 건 없다.

문화융성과 컬처노믹스

 백범 김구 선생은 『백범일지』 마지막 편에 "나는 우리나라를 세계에서 가장 아름다운 나라가 되기를 원한다. 가장 부강한 나라가 되기를 원하는 것은 아니다."라는 말로 시작해서 "오직 한없이 갖고 싶은 것은 높은 문화의 힘이다. 문화의 힘은 우리 자신을 행복되게 하고 나아가 남에게 행복을 주겠기 때문이다"라며 문화강국을 만들고 싶어 했다. 1947년 「나의 소원」이란 제목으로 발표한 글이다.

 21세기에 이른 지금 세계 각국은 문화융성에 방점을 찍고 산업을 개발하고 문화를 발전시키려고 노력한다. 과거처럼 군사력과 경제력만으로 세계 주류에 진입할 수 없다는 걸 알았기 때문이다. 1990년 덴마크 코펜하겐대학교 페테르 두엘룬(Peter Duelund) 교수가 문화(culture)와 경제(economics)를 합성한 '컬처노믹스(Culturenomics)'를 주창했다. 문화와 산업의 융합, 문화 예술을 산업으로 개발, 문화를 바탕으로 한 사회 질서 만들기 등 우리의 생활 전반에 걸쳐 문화를 접목하는 작업이 21세기의 성장 동력이 될 것이라고 예견했다. 실제로 지금 세계 각국은 컬처노믹스의 꽃을 피운다.

전자 제품에서부터 일상 도구까지 문화의 서사(敍事)를 접목하지 않은 상품은 살아남지 못하는 시대가 되었다. 철강과 조선산업이 사양길에 들어서면서 쇠락하던 스페인 바스크 지방에 있는 도시 빌바오는 구겐하임미술관을 세워 도시를 다시 살렸다. 또한 카탈루냐 지방에 있는 조그마한 시골 마을 피게레스는 달리 미술관 하나로 수많은 관광객을 불러 모으고 있다.

광복 77년이 지나 오늘에 이른 우리는 광복 직후 다시 일으켜 세울 우리나라를 문화가 융성하는 나라로 만들고 싶다고 외친 백범 김구 선생의 선견지명이 어느 정도 이루어졌을까. 한없이 부끄러운 마음이 앞선다. 문화를 융성시켜 문화강국을 만들려면 먼저 인문학을 살려야 한다. 문사철(文史哲), 즉 문학·역사·철학이 바로 세워져야 문화가 융성할 수 있다. 문화는 스스로 움직이며 세포분열로 확산하는 생명력이 있다. 이 살아 움직이는 문화를 창조하고 누리는 원천(源泉)이 인문학이다.

문화체육관광부가 발표한 2021년 국민 독서 실태조사에 의하면 우리나라 성인 한 사람이 1년에 책을 4.5권 읽는다고 한다. 이 숫자에는 중요한 의미 하나가 숨겨져 있다. 이 수치는 이보다 더 많이 읽은 분들과 아예 한 권도 안 읽는 분들을 섞어서 평균 낸 것이다. 책을 한 권도 안 읽은 사람이 몇 명인지는 알 수 없다. 왜 이런 건 밝히지 않는지 한번 새겨보고, 일 년에 나는 책을 몇 권 읽는지 남들이 한껏 높여놓은 통계를 얼마나 삭감하고 있는지 한번 되돌아보라는 의미가 이 수치에 숨겨져 있다.

엄마의 손맛과 더닝 크루거 효과
(Dunning-Kruger effect)

여러 사람이 모이면 이런저런 이야기를 하다가 십중팔구 정치 또는 특정 정치인을 화제로 올린다. 가만히 듣다 보면 두 번 놀란다. 사람들이 언제 이렇게 모두 정치 전문가가 되었는가 놀라고, 곧이곧대로 들으면 조만간 우리는 국민 한 사람당 나라 하나씩 가지는 거대한 국가가 될지도 모른다는 착각에 놀란다.

우리나라는 선진국일까 아닐까 하는 생각을 가끔 해본다. '선진국'을 결정하는 기준이 문화가 아니라 경제지수라는 사실을 알고 의외라 생각한 적 있다. 그때까지 문화의 질량을 잣대로 선진국이냐 아니냐를 결정하는 줄 알았다. 하지만, 이는 이해를 잘못한 착각이었다는 걸 곧 알았다. 우리는 돈만 많으면 부자인 줄 알고 있으나 선진국이라 불리는 나라에서는 번 돈만큼 문화를 이해하는 마음을 함께 가진 사람이 부자로 존경받는다. 돈이 많다고 해서 모두 부자가 아니라는 의미다. IMF가 발표한 GDP 순위를 보면 우리나라가 세계 10위(2021년 기준)다. 엄청 부자 나라다. 문화를 이해하는 질량도 함께 10위가 되어야 '선진국'인데 우리는 어디쯤 있을까.

1999년 코넬대학교 사회심리학과 교수 데이비드 더닝과 그의 제자 저스틴 크루거가 학생들을 대상으로 실험하여 '무능한 사람의 착오는 자신을 오해하는 데서 비롯되고 유능한 사람의 착오는 타인을 오해하는 데서 생긴다'라는 결과를 얻어냈다. 이를 '더닝 크루거 효과(Dunning-Kruger effect)'라고 한다. 쉽게 설명하면 빈 깡통이 소리가 더 크고, 무식하면 용감하다는 말과 같은 의미다. 한 걸음 더 나아가면, 책을 여러 권 읽은 사람보다 한 권 읽은 사람이 더 큰소리치며 사는 세상을 보고 '더닝 크루거 효과'라고 말한다. 많이 아는 사람은 자신을 과소평가하며 앞 나서지 않고, 조금 아는 사람은 자신을 과대평가하며 주름잡기 때문에 이런 현상이 일어난다.

원미란 작가의 단편소설 「고상한 소스의 세계」(2021년 현대경제신문 신춘문예 당선작)를 읽어보면 우리가 어디쯤 와 있는지 대강 가늠된다. 우리는 '고상한 소스'를 먹으며 음식의 참맛이라 믿는다. 이 고상한 소스에 길들이면 음식이 된 원재료는 까마득히 잊는다. 그래서 너도나도 고상한 소스로 자신을 감추는 일에 귀재가 되어 간다. 양념 잘 치는 사람이 주인 행세하는 사회, 이 또한 더닝 크루거 현상이다.

'고상한 소스의 맛'을 걷어내고 음식 원재료의 맛을 찾아내는 힘이 문화에 있다. 아무리 현란한 소스로 포장해도 음식을 만든 엄마의 마음을 찾아낼 수 있을 때 '엄마의 손맛'을 제대로 안다. 이것이 문화의 힘이다.

「개미와 베짱이」, 그리고 「프레드릭」
– 오해와 이해의 차이

이솝 우화『개미와 베짱이』가 있다. 이 이야기로 인하여 멀쩡하게 잘 사는 베짱이가 하루아침에 게으른 곤충이 되었다. 원래 베짱이는 베를 짜는 듯 "스르락 스르락"하는 소리를 낸다고 해서 베짱이로 불린다. 중국에서는 '방직랑(紡織娘)'이라 불린다.

이솝이 발표한 이 이야기의 원래 제목은 '개미와 매미'였다. 제4차 교육과정(1981년~1987년) 때 초등학교 1학년『바른 생활』교과서에는 베짱이가 아닌 매미로 나왔으나 언제부터인지 다시 '개미와 베짱이'가 되었다. 여러 나라 언어로 번역되는 과정에서 매미가 베짱이로 바뀌었다.

이렇게 바뀐 일화가 몇 가지 전하나 그게 중요한 게 아니라 매미든 베짱이든 모두 게으른 곤충이 아닌데도 불구하고 개미와 비교하며 게으른 곤충으로 만든 데 문제가 있다. '부지런하다'와 '게으르다' 이 두 명제의 갈등 구조를 증폭하여 부지런히 일해야 한다는 내용을 교육하려고 했으나 오히려 비교육적인 오해를 더 키웠다.

최근 나태주 시인의 소개로 네덜란드 동화 작가 레오 리오니(Leo Lionni)의 그림 동화책 『프레드릭』을 읽었다. 「개미와 베짱이」를 읽고 자란 필자는 큰 감동과 함께 충격을 받았다. 똑같은 주제인데 「개미와 베짱이」와 달리 이렇게 다른 이야기로 바뀔 수 있다는 사실이 놀라웠다. 『프레드릭』은 동화이지만 철학이자 시(詩)라고 해도 좋다. 생쥐 다섯 마리가 주인공이며 그중 한 마리의 이름이 프레드릭이다.

네 마리 생쥐는 겨울에 먹을 양식을 구하기 위해 부지런히 일하는데 프레데릭은 혼자 가만히 앉아 깊은 생각에 잠기곤 한다. "프레드릭, 너는 뭘 하고 있니?"라는 친구들의 질문에 프레드릭은 "따뜻한 햇볕을 모으고 있어"라든가 "아름다운 색깔을 모으고 있어" 또는 "재미있는 이야기를 모으고 있어"라고 말한다.

겨울이 오고 양식이 떨어진 쥐들이 추위에 떨다가 프레드릭에게 묻는다. "프레드릭, 네 양식은 어디 있니?" 프레드릭은 그제야 비축한 양식을 꺼내 놓는다. 재미나는 이야기도 들려주고 따뜻한 햇볕을 불러오는 이야기도 들려준다. 생쥐들이 눈을 크게 뜨고 일할 때 지그시 눈을 감고 혼자 생각에 잠

겼던 프레드릭, 이 상황이 정반대로 바뀌었다.

    이야기하는 프레드릭은 눈을 크게 뜬 채 반짝이며 이야기를 듣는 친구들은 눈을 지그시 감고 있다. 『프레드릭』에서는 부지런한 생쥐와 게으른 생쥐로 나누지 않았다. 꿈과 현실을 함께 가지라는 아름다운 이야기로 꾸몄다. 다섯 마리의 생쥐가 등장하지만, 작가 레오 리오니는 한 사람이 갖춰야 할 이상과 현실을 여러 마리의 생쥐로 나누어 들려준다.

니체의 '아모르 파티'와
노자의 '거피취차(去彼取此)'

 춘추시대 사상가로 제자백가 시대 문을 연 노자는 우리에게 앞으로 나아가야 할 길[道]을 제시했다. 노자는 자신의 사상을 5,000글자로 남겼는데, 사람들이 이를 정리하여 상하권으로 나누고 상권을 〈도경(道經)〉 하권을 〈덕경(德經)〉이라고 했다 이 둘을 합친 게『도덕경』이다. 〈도경〉은 37장, 〈덕경〉은 81장으로 구성된 '도덕경'에서 말하는 노자 사상의 핵심은 무위자연(無爲自然)이다. 인위적으로 무엇을 만들지 말며 흐르는 물처럼 자연과 동화하여 살아가라는 것이다. 참 해석하기 어렵고 행동으로 따르기 어려운 말이다. 그래서 후세 사람들이 내놓는 노자 사상의 해석 또한 분분하다.

 무위(無爲)는 유위(有爲)의 반대 개념이다. 세상 사람들은 '유위'에서 살아간다. 유위는 무엇을 원하며 무엇에 의지하는 것, 즉 인연에 따라 쌓은 물질에 의해 능력을 만드는 걸 일컫는다. 지식이든 재물이든 이를 쌓아가는 일이 유위에서 일어난다. 노자는 이 유의를 버리고 반대쪽에 있는 무위에서 사는 게 사람이 나아갈 길이라고 했다. 그러니까 대다수 보통 사람들이 살아가는 세상의 질서가 잘못되었으니 버리고 노자가 말하는 무위에 서라는 거다. 그래서 노자를 알기가 어렵다.

『도덕경』5,000 글자 중에서 딱 잡히는 대목이 몇 군데 있다. 이것만 제대로 발견하면 노자의 길에 들어선다. 〈도경〉 마지막 제37장의 무위이무불위(無爲而無不爲)와 〈덕경〉 제72장 거피취차(去彼取此)가 그것이다. '무위이무불위'는 무위를 행하면 되지 않는 일이 없다는 뜻으로 이것저것 생각할 거 없이 무조건 무위에 서라는 거다. 이 말에서 핵심은 '무위'가 어떤 건지 아는 일이다. '거피취차'는 저것을 버리고 이것을 잡으라는 거다. 이 말의 핵심은 쓸데없이 머릿속에 그림을 그리지 말고 눈앞에 보이는 지금 현재를 붙들라는 거다.

이 두 명제는 서로 일맥상통한다. '무위'는 알갱이가 없는 공간이다. 유위처럼 앎으로 차 있는 공간이 아니라 앎이 없는 곳에서 오직 지금 내가 원하는 대로 생각하는 대로 행동하는 공간이다. '거피취차'를 다산 정약용은 '이상을 버리고 일상에 몰두하라'라고 해석했다. 더 쉽게 접근하면 학습된 사고를 깨고 나의 눈으로 세상에 없는 낯선 나를 발견하라는 뜻이다. 지금 내가 가는 길을 바꾸지 않으면 나는 걸어가는 그 길로만 가게 된다. 누구나 인생을 바꾸고 싶다고 생각하지만 돌아서면 여전히 그 길 위에 서 있다. 나를 바꾸고 싶으면 걷고 있는 익숙한 길이 아니라 방향을 바꾸어 한 번도 가보지 않는 낯선 이 길로 가야 한다. 이게 '거피취차'다.

'무위이무불위'와 '거피취차'는 같은 길에서 만난다. 니체가 말한 '자신의 운명을 사랑하라'라고 한 아모르 파티(amor fati)도 호라티우스가 '지금, 이 순간을 즐겨라'라고 한 카르페 디엠(carpe diem)도 결국 같은 뜻을 지닌 말이다.

문학은 우리에게 무엇을 주는가

어릴 때 동화책을 사달라는 내게 어머니는 "책에서 밥이 나오냐 떡이 나오냐" 하면서 책을 사주지 않았다. 어머니의 이 말이 몹시 서운해서 나는 돌아서서 한참 울었다. 책 한 권보다 쌀 한 됫박이 더 소중했던 현실을 나는 이해하지 못했다.

어머니의 이 말에 대한 해답은 내가 소설가가 된 뒤 평론집 『한국 문학의 위상』(김현, 문학과지성사, 1977)을 읽으면서 찾았다. 김현 선생은 이 저서에서 '문학은 무엇을 할 수 있는가?'라는 질문을 던지고 "역설적이게도 문학은 그 써먹지 못한다는 것을 써먹고 있다."라고 대답했다. 문학은 곧장 쓸모 있게 써먹을 수 있는 게 아니라는 의미다.

당장 무엇을 만들어 써먹을 수 있는 게 아니기에 문학은 인간을 구속하지도 억압하지도 않는다. 여기에서 '쓸모없다'는 의미는 '순수하다' 또는 '자유롭다'와 통한다. 인간을 억압하는 건 인간에게 쓸모 있어 보이는 것들이다. 유용하기에 사람들은 아귀다툼해서라도 그걸 손에 쥐려 하고, 이 욕망으로 인간은 쓸모있는 것에 붙들려 자유로운 삶을 포기했다.

　문학은 그 쓸모없는 눈으로 쓸모있는 걸 바라보며 '쓸모있음' 뒤에 감추어진 허상을 투시한다. 그리하여 쓸모있는 것으로부터 억압당하거나 노예가 된 사람들에게 그 사슬을 풀고 자유로운 세상으로 나오도록 부추긴다. 문학으로 곧장 무엇을 만들 수는 없으나 문학은 그렇게 사슬을 풀고 나온 사람들에게 향기로운 삶을 만들도록 해준다. 이것이 문학이 가진 힘이다. 문학의 이러한 속내를 알지 못하는 사람에게는 문학이 쓸모없는 게 될 것이고, 이 향기를 맡은 사람에게는 문학이 그 어느 것보다 강한 삶의 지혜가 된다. 이것이 문학의 총체(總體)며 문학의 기능이다.

　하늘 한가운데를 두 팔로 헤치며 / 우렁차게 가지를 뻗는 나무들과 다른 게 있다면 / 내가 본래 부족한 나무라는 걸 안다는 것뿐이다 / 그러나 누군가 내 몸의 가지 하나라도 / 필요로 하는 이 있으면 기꺼이 팔 한 짝을 / 잘라 줄 마음 자세는 언제나 가지고 산다
　　　　　　　　　　　　　－도종환 시 「가죽나무」 중에서

　『장자』의 '소요유(逍遙遊)' 마지막 편에 가죽나무 이야기가 나온다. 벌판에 비뚤비뚤하게 자란 커다란 가죽나무 한 그루

가 있다. 사람들이 쓸모없다며 내버려 둔 나무다. 쓸모없다고 여겼기에 이 나무는 오히려 제 결대로 잘 살아서 사람들에게 쉴 수 있는 그늘을 제공하며 천수를 누렸다. 죽죽 잘 자라 쓸모 있다며 사랑받던 나무들은 모두 제명대로 살지 못하고 잘려나가 목재로 사라졌다. 유용한 걸 많이 쥐어서 돋보이는 게 아니라 온전하게 결대로 사는 게 올바로 가는 길[道]이다. 이런 나무들이 함께 모이면 아름다운 숲이 된다.

문학은 익숙함과 낯섦의 경계에 있다

 비교할 수 없거나 답을 알 수 없는 일을 빗대어 '닭이 먼저냐 달걀이 먼저냐'는 말을 한다. 답을 알 수 없는데 마치 답이 없다는 듯 꿰어맞춘 말이다. 얼핏 보면 답이 없는 듯한 이 말에도 분명히 올바른 답이 있을 것이다. 모든 일엔 시작이 있고 끝이 있기에 그렇다. 그 '시작'과 '끝' 너머에 가 본 적은 없지만 가 보지 않았다고 해서 있는 게 없는 것일 수는 없다.

 우리 문학은 '맞다, 틀리다'로 사는 세상 이야기가 아니라 '옳다, 그르다'가 존재하는 세상 이야기다. 눈에 보이지 않는, 과학이나 셈법으로 정답을 만드는 일은 아니나 우리가 세상을 살아가려면 때로는 '그런 생각'이 필요하며 그래서 문학이 존재한다.

 얼마 전에 부산에 특강이 있어 다녀왔다. 내가 타고 가던 택시 기사에게서 재미있는 이야기를 들었다.

 나이 지긋한 두 할아버지께서 낮술에 취해 밖으로 나오니해가 중천에 떠 있었다. 그 해를 보며 한 할아버지가 "아, 달이 참 밝다"라고 했고, 그 말을 들은 다른 할아버지가 "예끼, 이 사람아. 저게 해지 어째서 달인가. 낮술에 취하면 부모도 못 알아본다더니 자네 많이 취했네." 하고 핀잔을 주었다. 이렇게 두 사람은 길 한복판에서 해니 달이니 하며 티격태격 서로 다투었다. 그때 마침 근처를 지나는 청년을 발견한 해라고 윽박지르던 할아버지가 그를 불러서 "저기 하늘에 뜬 게 달이오 해요?" 하고 물었다. 이 상황을 파악한 젊은이는 난처한 표정으로 잠시 고민에 빠졌다. 올바르게 말하면 달이라고 한 할아버지가 난처해지고, 달이라고 하면 해라고 한 할아버지에게 누가 된다. 이럴 땐 '맞다, 틀리다'가 중요하지 않다는 걸 알아차린 젊은이는 얼른 "어르신, 여긴 우리 동네가 아니어서 달인지 해인지 잘 모르겠습니다"라고 말했다. 해라고 하던 할아버지는 그제야 웃으며 달이라고 한 할아버지에게 어깨동무하고 "자네 말이 맞았네. 저게 달이란다" 하더라는 것이다.

택시 기사에게 이 이야기를 듣고 나도 모르게 웃었다. 이런 게 문학이다. 그 청년은 아마도 문학 작품을 많이 읽은 게 아닐까 하는 생각을 했다. 문학은 이렇듯 익숙함과 낯섦의 경계에 있다. 맞다 틀리다가 아니라 옳다 그르다가 무엇인지 알았기에 그런 대답을 할 수 있었다. 특강 원고를 이미 주최 측에

제출하여 자료집에 수록된 상태지만, 그날 특강은 이 이야기로 진행했다.

안티프래질(Antifragile)이 필요한 시대

　세상에 흔들리지 않고 피는 꽃은 없다. 우리 삶도 그렇다. 살다 보면 모진 바람에 의해, 아니면 누군가의 못된 해작질로 흔들리며 상처받는다. 이럴 때 우리는 어떻게 해야 할까. 운 나쁘다, 기회를 잘못 타고났다 하며 포기하거나 도망치면 안 된다. 위대한 선장은 눈앞에 밀려오는 거대한 파도를 피하지 않고 배를 정면으로 넘어가게 한다. 피할 수 없는 파도를 피하면 배가 넘어간다는 걸 알기 때문이다.

　『안티프래질(Antifragile)』(나심 니콜라스 탈레브, 안세민 옮김, 와이즈베리 출판, 2013)이란 책이 있다. '불확실성과 혼란이 지배하는 세상, 안티프래질을 확보하라!' 출판사에서 이 책을 소개하는 머리글이다. 한마디로 말하면 맞을수록 단단해진다거나 깨질수록 더 좋은 물건으로 재탄생한다는 교훈을 담은 책이다. fragile은 '깨지기 쉬운'이란 뜻이며 반대말로 '단단하다'라는 뜻의 robust가 있음에도 이 책의 저자 나심 니콜라스 탈레브는 굳이 '반대'라는 의미의 anti-를 붙여 '깨지지 않는다'란 뜻으로 안티프래질(antifragile)이라는 조어(造語)를 제목으로 했다. 아마도 '깨어진다'라는 말에 깊은 의미를 담기 위해서가 아닐까 싶다.

  지금 우리 사회가 '안티프래질'을 필요로 하고 있다. 적법한 절차로 이뤄진 일도 그 과정을 반대하던 사람들로부터 끈질기게 공격받는 일이 자주 발생한다. 상대방을 흔들어대거나 두드려 깨어지게 하려고 온갖 방법을 다 동원한다. 옳고 그름은 중요하지 않고 '내 편'과 '네 편'을 갈라서 힘겨루기하려고 한다. 이러니 올바른 일에도 사람들이 쉬 앞 나서지 않는다. 그래서 소리가 큰 쪽이 이기는 희한한 현상이 일어난다.

  이런 현상은 정치계에서 가장 두드러지게 일어나지만 이젠 사회 각 분야에서 쉬 볼 수 있는 일이다. 모두가 정치인으로 바뀐 듯한 분위기다. 고고한 결을 근본으로 하는 예술계도 예외는 아니다. 선거 때가 되면 우리 문단에도 이런 일이 자주 벌어진 적이 있다. 얼마 전에 한 선배 문인을 만났다. 여러 사람이 있는 자리라 그랬는지 귓속말로 "마타도어 조심"이라고 했다. 마타도어(matador)는 에스파냐어로 흑색선전이라는 뜻이다. 없는 사실을 조작하거나 본질과는 다르게 꾸며서 그렇게 믿게끔 선전하는 걸 말한다. 상대를 흔들어대거나 두드려서 깨려는 못된 해악질이다.

 사법당국에 고소 고발하기도 하지만 그러는 사이에 여론이 흔들리고 이로 인해 어떤 형태로든 억울하게 피해당한다. 흔드는 쪽은 이걸 노리는 것이다. 안티프래질이 필요하다. 이럴 때 가장 좋은 방법은 흔들어대거나 깨지라며 두드릴수록 더욱 단단해지는 안티프래질을 가지는 일이다. 정의는 반드시 이기기 때문이다. 피할 수 없으면 극복해야 한다. 세상에 흔들리지 않고 피는 꽃은 없다.

상대의 언어로 대상 바라보기

 대상을 바라보는 관점(觀點)에 따라 사물(事物)의 모습과 내용이 달라진다. 관점이 다른 여러 사람이 본다면 이 사물은 여러 개 모습으로 각기 다르게 보일 것이다. 같은 사물을 보는데도 관점이 다르면 이처럼 대상이 다른 모습으로 보인다. 하나의 사물을 두고 사람마다 달리 말하는 건 관점이 달라서다. 낱낱으로 나뉘면 모두 진리라고 주장하나 총화(總和)로 보면 이처럼 오류로 뭉쳐있다. 올바르지 않은 관점이 혼돈과 혼란을 일으켰다.

 올바른 관점은 내가 아닌 상대의 언어로 대상을 바라볼 때 생긴다. 장자(莊子)가 이걸 보았다. 남쪽 바다 임금 숙(儵)과 북쪽 바다 임금 홀(忽), 그리고 중앙 땅을 다스리는 임금 혼돈(渾沌)을 등장시켜 장자는 「장자의 혼돈」이야기로 이 문제의 답을 만들었다. '숙홀(儵忽)'이라는 말이 여기에서 나왔다. 숙홀은 '숙홀하다'의 어근(語根)으로 '홀홀(忽忽)하다'라는 형용사의 뿌리 말이다. 뜬금없다거나 조심성 없이 가볍다, 혹은 빠르게 달린다고 할 때 이 말을 사용한다. 그 이야기는 이렇다.

숙과 홀이 가끔 중앙의 혼돈 땅에 모여 즐겁게 한담하고 간다. 혼돈은 귀·눈·입·코가 없다. 마치 풍선처럼 생겼다. 귀·눈·입·코가 있는 숙과 홀은 겉으로 보고 듣고 맛보며 세상을 알지만, 혼돈은 귀·눈·입·코가 없으니 속으로 상대의 언어를 듣고 사물을 보며 마음으로 음식 맛을 봄으로써 세상을 이해한다. 이를 안타깝게 여긴 숙과 홀이 혼돈에게 하루에 한 개씩 구멍 일곱 개(귀·눈·입·코)를 뚫어준다. 마지막 일곱 번째 구멍을 뚫자 혼돈이 그 자리에서 죽어버렸다. 혼돈이 사라진 이때부터 세상은 혼란에 빠진다.

숙·홀·혼돈이 사는 곳은 바다와 땅으로 지금 우리가 사는 세상이다. 혼돈을 중심에 둔 건 우리가 사는 세상에서 겪어야 할 피할 수 없는 숙명으로 '혼돈'을 선택했기 때문이다. 사람은 제각기 생각과 관점이 다를 수밖에 없으며 장자는 이를 피할 수 없는 가치로 보았다. 부정이 아닌 긍정의 시선으로 혼돈을 정의(定義)한 것이다. 여기에서 장자는 자신의 언어가 아닌 상대의 언어로 대상을 바라보았을 때 그렇다는 지혜를 이 이야기에 담았다. 숙과 홀이 자기들 관점에서 구멍 일곱 개를 뚫어주자 혼돈이 죽어버린 건 그렇게 하면 세상이 혼란에 빠진다는 경고다.

  '나'의 언어가 아니라 상대의 언어로 세상과 소통해야 한다. 우리는 나무를 보고 '나무'라고 하지만 정작 나무는 자신의 이름이 나무인 줄 모른다. 인간의 언어로 나무를 정의 내리고 그렇게 믿으라며 강요한다. 나무를 바라볼 때는 나무의 언어로 대화해야 한다. 나무도 우리처럼 자유로운 생명으로 자라고 있다. 이것이 자연의 질서며 그렇게 하여야 관점이 다른 사람들끼리 서로 이해하며 평화롭게 잘 살아갈 수가 있다.

에센셜리즘(Essentialism)과 화광동진(和光同塵)

중국의 수필가 린위탕(林語堂)은 "삶의 지혜는 중요하지 않은 것을 버리는 데 있다"라고 말했다. 에센셜리즘(Essentialism ; 본질주의)을 좇아 필요한 때 필요한 생각과 행동을 할 수 있는 에센셜리스트(essentialist ; 본질주의자)가 되라는 말이다.

최근에 재미있는 책 한 권을 읽었다. 『에센셜리즘(Essentialism)』(그렉 메커운, 김원호 옮김, 알에이치코리아, 2021.)다. 요약하면 잡다하게 이 일 저 일 손대거나 관심 두지 말고 내가 할 수 있는 일 하나에 집중하라는 것이다. 에센셜리즘이란 말의 원래 뜻은 본질주의(本質主義)로 사물의 핵심 의미를 추구하는 걸 말한다. 이를 우리가 일상에서 하는 행동에 적용했다. 이 일 저 일 여러 가지 일에 관심을 쏟거나 감 놔라 배 놔라 하며 남의 일에 쓸데없이 간섭하는 행동을 살펴서 필요 없는 건 버리고 '지금' 내게 꼭 필요한 일 하나를 선택해서 성취하는 데 힘을 쏟으라고 충고하는 책이다.

막 소설가로 등단하여 활동하던 젊은 시절 소설가 김동리 선생님으로부터 '和光同塵(화광동진)'이라 쓴 글 한 폭을 받았다. 김동리 선생님은 세배를 오거나 방문하는 사람 가운데 특별히 눈길 가는 분의 이름을 기록해 두고(대학노트에 빼곡하게 이름을 적는다) 마음 내킬 때 휘호를 준비하여 건네주는 걸로 유명하다. 순서대로 주는 게 아니라 건너뛰기도 한다고 했는데, 그 기준이 무엇인지는 모른다. 장부에 기록은 되었어도 언제 글을 받을지 모른 채 무작정 기다리는 것이다. 미리써 달라고 채근해도 소용없다. 그냥 기다린다. 짧게는 몇 개월이 될 수도 있고 길게는 몇 년이 지나도 못 받는 분도 있다. '和光同塵'은 노자의 『도덕경』에 나오는 말로 '빛을 감추고(和) 먼지 같은 하찮은 일들과도 잘 어울리며(同) 살라'는 뜻이다. 바꾸어 말하면 자기 재주를 뽐내지 말고 겸손하게 세상과 잘 어울리라는 말이다.

『에센셜리즘』을 읽다가 불현듯 이 '화광동진(和光同塵)'이 생각나서 옷깃을 여몄다. 내 재주만 믿고 이 일 저 일 붙잡다가 혹여 놓친 건 없는지 누군가에게 내가 잘났다고 으스댄 일은 없는지 나 혼자 다 해결할 줄 안다고 세상일을 간섭하며 나서지는 않았는지 잠시 시간을 되돌아보면서 살폈다. 이 생각 끝에 나를 더 단단히 다잡은 게 바로 '화광동진'이다.

노자는 無爲而化(무위이화), 즉 무엇을 억지로 고치고 다듬지 말고 자연의 변화에 순응하며 살라고 했다. 이 역시 화광동진이다. '나'를 주체로 세상을 끌고 가지 말고 객체로 세상과 어울려야 나도 세상도 흐트러지지 않는다. 이것이 우리가 함께 참 행복을 누리며 사는 '무위이화'다.

베이컨의 네 가지 우상설(偶像說)

영국 철학자 베이컨(Francis Bacon)은 자신의 저서 『신기관』(한길사, 2016)에서 인간이 사물로부터 억압당하는 네 개의 우상(偶像)을 제시했다.

종족(種族) 우상(Idola Tribus)은 하나의 성질(이념)로 묶는 공동체를 만듦으로써 발생하는 우상이다. 인간은 자신의 언어로 세상을 바라보고 개념을 정하면서 그것이 올바르다고 정의 내린다. 꽃이나 동물들이 인간을 기쁘게 하는 존재라고 정의 내리고 그렇게 믿는다. "진달래가 봄을 노래한다"라든가 지저귀는 새소리를 듣고 "새가 운다"라고 하면 누구나 다 그렇다고 믿는다.

동굴(洞窟) 우상(Idola Specus)은 끊임없이 반복되는 학습된 사고를 진리라 여기며 주관을 지배하는 오류다. 플라톤의 동굴 우화처럼 일생을 동굴 속에서 산 사람은 그 동굴에서 보고 듣는 게 모두 다라는 선입견으로 자신이 보지 못한 사실은 인정하지 않는다. 우리 속담의 '우물 안 개구리'와 같은 의미다.

시장(市場) 우상(Idola Fori)은 교류를 위해 사물에 올바르지 못한 이름을 붙임으로써 발생하는 오류다. 잘못된 언어를 사용하면서 그 사물의 개념까지 그렇다고 정의 내리는 오류다. 최근 일어난 러시아와 우크라이나 전쟁도 이 같은 시장의 우상에서 빚어졌다. '평화를 위한 전쟁이다'라고 하는 말들이 시장 우상이다.

극장(劇場) 우상(Idola Theatri)은 자신의 지식이나 사색 또는 다른 사람의 학설이나 주장을 비판 없이 자신의 의견이라 믿고 그대로 행동하거나 반복하는 오류다. 마치 배우가 무대 위에서 대본 속 인물이 되어 연기하듯 행동한다. 유명한 연예인이 광고하면 당연히 훌륭한 제품이라 신뢰하고 노벨문학상을 받은 작가의 작품은 가장 훌륭할 것이라 믿는 행위를 말한다.

베이컨은 인간이 학습으로 고착된 믿음에 의해 개인의 주관이나 사유가 상실되는 문제를 이렇듯 네 가지 우상으로 표현했다. 이 우상을 깨고 자유로운 사유의 세상으로 나오라는 주장이다. 이 우상에서 벗어나지 않는 한 개인은 집단문화의 한 부속품으로 살아간다.

이러한 베이컨의 철학은 전혀 낯선 게 아니다. 우리 주변에서 흔히 볼 수 있는 현상이며 이를 경계하는 말과 글들을 한 번쯤 들어보거나 읽은 적 있을 것이다.

연암 박지원은 「능양시집서(菱陽詩集序)」에서 까마귀가 검다는 건 생각의 오류라고 하였다. 햇빛에 따라 까마귀는 황금빛, 연한 녹색, 비취색으로 보이기도 한다. 연암은 "그렇다면 붉은 까마귀라 불러도 옳지 않은가"라고 말한다. 사물에는 본래 정해진 색깔이 없는 사람들이 제 보이는 대로 색깔을 정하고 심지어 보지 않고 마음속으로 결정하기도 한다며 인간의 오만을 나무란다.

'여산진면목(廬山眞面目)'이라는 말도 있다. 보는 사람 마음에 따라 사물의 모양이나 본질이 달라진다는 고사성어다. 중국 강서성(江西省) 구강현(九江縣)에 있는 여산(廬山)을 보고 지은 소동파의 시 「제서림벽(題西林壁)」에서 나온 말이다. 장강이 둘러싸고 흐르는 거대한 봉우리 99개로 이루어진 여산은 웅장하고 깊어 그 모양을 제대로 볼 수가 없다. 가로로 보면 첩첩이 산줄기며, 옆에서 보면 높이 솟은 봉우리로 보인다. 어디에서 보느냐에 따라 산이 제각각 다른 모습으로 보인다. 여산의 참모습을 보지 못하는 것은(不識廬山眞面目) 내가 그 산속에 들어가 있기 때문이다(只緣身在此山中).

이념이나 학습된 사고에 빠지면 사물의 참모습을 보지 못한다. 이러한 편견을 버리고 상대의 생각을 보고 읽어야 한다. 내 생각을 깨트려야 올바른 사물의 모양이 보인다.

동시와 동화를 읽는 어른

'어른'이란 말의 정의가 참 모호하다. 국립국어원의 표준국어대사전에는 '다 자란 사람. 또는 다 자라서 자기 일에 책임을 질 수 있는 사람'이라고 설명한다. 얼마를 자라야 다 자란 것이며 다 자라서 자기 일에 책임지는 나이를 점을 찍듯 정할 수 있을까. 그 기준은 뭘까. 법률로 이를 규정하고 있으나 이 또한 애매하기는 마찬가지다. 청소년보호법과 민법에는 만 19세를 기준으로 청소년과 성인을 구분한다. 왜 19세인지 무 자르듯 그렇게 규정한다는 게 이해되지 않는다. 18세와 19세 차이가 확연히 구별되는가.

조선 시대 기준은 또 다르다. 그때는 7세가 어른이다. 스스로 자기 일을 할 줄 알고, 알 거 다 아는 나이를 7세로 본 것이다. 그래서 7세가 되면 남자와 여자가 함께 앉지 못했다. 어린이와 어른을 나누는 기준으로 이게 더 현명해 보인다. 무 자르듯 규정한 게 아니라 초보 어른, 조금 숙련된 어른, 더 숙련된 어른, 완숙한 어른, 은퇴가 가까운 어른 등으로 성장을 이어가도록 했다. 7세는 막 어른으로 출발하는 '초보 어른'이다. 아직 미숙하긴 하나 7세는 숙련된 어른으로 성장하는 출발점이다. 그래서 '미운 일곱 살'이다. 엄마 말을 잘 듣지 않고 제 마음대로 하려는 나이가 7세다. 바꾸어 말하면 자아가 발달하여 스스로 무엇을 하고자 하는 나이다. 이 '일곱 살' 이전 0~6세까지는 인간의 원초적 본질과 본성이 변질하지 않고 순수하게 잘 남아 있는 나이다. 어른으로 잘 숙성한다는 건 이 나이를 변질시키지 말고 평생 잘 지니고 살라는 의미며 충고다.

몇 년을 운전해도 '초보운전' 딱지를 못 뗀 사람이 있는 것처럼, 중년을 거쳐 노년에 이르는 나이가 되었는데도 '초보 어른' 딱지를 못 뗀 어른들이 우리 주변에 수두룩하다. 특히 정치인들 가운데 이런 초보 어른들이 더 많다. 이를 고치려면 훌륭한 문학 작품을 많이 읽어야 하며, 그 가운데 동시 동화를 꼭 읽어야 한다. 사람은 아무리 나이가 많아도 자신 안에 성장을 멈춘 어린이가 들어있다. 정확하게 말하면 성장을 멈춘 게 아니라 변하지 않은 마음을 간직한 어린이다. 이 어린이의 마음은 인간의 원초적인 본질에서 출발하기 때문에 이 마음이 변하지 않아야 한다. 이 변하지 않는 마음을 가지기 위해서 동시와 동화를 읽는 것이다. 동화와 동시를 읽는 사람 가운데 나쁜 사람이 거의 없다. 우리는 아동문학을 어린이만 읽는 줄 안다. 아니다. 동시와 동화는 어린이는 물론이고 어른들도 함께 읽어야 한다. 『한국민족문화대백과』(한국학중앙연구원)에 보면 '아동문학이란 아동이나 동심적 성인에게 읽힐 것을 목적으로 한 동요(童謠)·동시(童詩)·동화(童話)·아동소설(兒童小說)·아동극(兒童劇) 등의 총칭이다'라고 정의한다. 아동문학이라 이름 붙인 것은 성인 문학과 구별하기 위해서지 읽는 대상을 어린이로 한정하는 것은 아니다.

사람이 어린이에서부터 출발하듯 문학도 아동문학에서 시작한다. 아동문학은 문학의 뿌리다. 우리가 세상에 태어나 성장하면서 제일 먼저 읽은 문학 작품이 동시와 동화다. 여기에서 출발하여 시인도 되고 소설가도 되는 것이다. 우리가 못 느껴서 그렇지 아무리 나이가 많은 어른이라도 자기 안에 어린이 한 사람이 똬리를 틀고 앉아 있다. 일이 잘 안 풀릴 때 좋은 동시 한 편을 읽거나 동화 한 편을 읽으면 마음이 맑아진다. 마음이 맑아지면 안 풀리던 일도 잘 보일 경우가 많다. 내 안에 있는 어린이는 내 마음의 거울이며 동시와 동화를 읽으면 이 마음 거울이 맑아진다. 동시를 읽고 동화를 읽는 사람은 화를 내거나 나쁜 행동을 하는 경우가 드물다.

잘 숙성된 어른이 되고 싶으면 적어도 한 달에 동시 한 편 또는 동화 한 편을 읽자. 동시나 동화를 읽는 어른들이 늘어나면 날수록 우리 사회에 향기로운 인정의 꽃이 핀다.

집, 그 집에 사는 사람의 향기
— 문학과 건축의 상호 연결 텍스트

문학과 건축의 상호 연결이 가능할까? 문학은 문과(文科)에 속하고 건축은 이과(理科)에 속한다. 문과와 이과를 한 그릇에 담을 수 있는 상호 연결 텍스트는 무엇일까. 그것은 바로 문리(文理)다. 문리는 사물의 이치를 깨달아 안다는 의미다. 우리가 학문을 하고 예술을 이해하는 건 문리를 얻기 위해서며, 이 문리는 우리가 살아가는 데 필연적으로 가져야 하는 지혜이기도 하다. 문(文)과 이(理)가 만나는 가장 좋은 접점이 문학과 건축이다. 둘은 전혀 어울리지 않을 듯 낯설면서도 그 속내가 매우 닮았다. 문학이 인간을 탐구하는 예술이자 인문학의 하나인데, 건축은 바로 그러한 인간이 살면서 삶을 만들어 가는 공간이다. 또한 둘 다 고정된 사물 형태를 가지면서도 마치 살아있는 생명체처럼 스스로 변하면서 자란다.

세상이 많이 변했다. 서로 가까울 것 같은 사물이 멀어지고 전혀 어울리지 않을 것 같은 대상들이 서로 융복합 통섭(統

攝)하며 새로운 문명과 문화를 창출시킨다. 문학과 건축이 어울리고 경제와 문화가 어울려 컬처노믹스(culturenomics)를 만든다. 이것이 21세기의 얼굴이다.

  나는 가끔 소설 창작 강의를 하면서 소설 구성과 문장 수업에 건축을 빗대어 설명하기도 한다. 집을 짓기 위해서는 튼튼한 땅이 있어야 하고, 벽돌을 비롯한 여러 건축 자재가 필요하며, 무엇보다도 이 집에 누가 살 것인가를 살펴 그들이 안전하고 행복하게 생활할 수 있는 공간을 설계하여야 한다. 여기에다 집만 덩그러니 짓는 게 아니라 주변 자연환경과 이웃과의 관계가 조화를 이루어야 한다. 더 나아가 아름다움을 연출하면 금상첨화다. 문학 작품 창작도 이와 같다. 한 예로 집을 짓기 위해 필요한 벽돌을 수요만큼 확보해서 쌓아 놓는다. 이는 문학에서 문장을 만들기 위해 필요한 언어(단어)를 쌓아 두는(어휘력 확보) 것과 같다. 이때까지는 벽돌과 단어는 단순히 건축 자재의 하나며 문장을 구성하는 단어 하나에 불과하다. 그러나 집을 짓기 시작하면 이 벽돌은 모두 다른 의미가 부여되며 다른 역할을 하게 된다. 반드시 제 위치에 자리 잡아서 그 벽돌만이 갖는 역할을 만들어야 한다. 만약 그 벽돌이 부실하거나 그 자리에서 제거되면 건축물 전체가 흔들린다. 건축물에 배치된 벽돌은 모두 똑같이 생겼으나 실재는 각각 그 의미와 활용이 다르게 바뀐다. 문학에 이용하는 단어도 이와 같다. 어디에 어떻게 배치하느냐에 따라 그 단어는 의미와 역할이 달라진다. 따라서 반드시 그 문장 그 자리에 들어가는 단어는 단 하나뿐이다. 그 단어를 찾아서 그 자리에 배치하는 일이 좋은 문장을 만드는 비결이다. 그리하여 훌륭하게 건축된 그 집에 사는 사람들은 안락하고 안전하고 행복한 삶을 누리며, 마찬가지로 새로운 소재와 신선한 구성으로 잘 만들어진 문학 작품은 그것을 읽는 독자에게 자기만의 새로운 체험으로 삶의 향기를 만들며 행복하게 살아가게 한다. 따라서 독자들에게는 문학 작품 한편이 잘 지은 집 한 채와 같으며, 자기가 만든 그 집에서 행복하게 산다.

이리하여 나는 건축물에 관심이 생겨 이와 관련한 책을 구해 읽기도 하고, 건축물을 보기 위해 여행을 떠난 적도 있다. 집을 지으려고 갖는 관심이 아니라 '그 집'에 사는 사람들에게 호기심이 생긴 것이다. 어느 날 우연히 각기 모양이 다른 집들을 보면서 '저 집에는 어떤 사람이 살까?' 하는 호기심이 생겼다. 각자 자신의 개성에 맞게 집을 짓거나 좋아하는 모양의 집을 구해 살고 있을 테지만, 어떤 집이든 그 집에 살게 되면 집이 사람을 닮아가고 사람이 집을 닮아간다는 사실을 발견했다. 모두 다 그런 건 아니겠지만, 초가(草家)에 사는 사람과 기와집에 사는 사람, 양옥에 사는 사람과 한옥에 사는 사람, 아파트에 사는 사람과 단독주택에 사는 사람은 어딘가 성품이 좀 다르다. 도시에 사는 사람과 농어촌에 사는 사람들, 이렇게 사는 곳과 집 모양에 따라 '이러이러한 사람이 살 것이다'라고 미루어 짐작해 보면 대개 짐작한 대로 맞았다. 그래서 관련 책을 찾아 읽다가 '집이 곧 사람이다.'라는 등식을 발견했다. 건축물을 보기 위해 떠난 여행이 결국 다양한 사람을 만나기 위해 떠난 여행이 되었다.

집을 한자로는 家(가)라고 쓴다. 집 가(家)다. 이 글자를 파자(破字)하면 宀(집 면)과 豕(돼지 시)로 나뉜다. 상형으로 보면 집(宀)에 돼지(豕)가 산다는 뜻을 품고 있다. 집에 왜 사람이 아닌 돼지가 살고 있을까. 여러 가지 이야기가 전한다. 옛날 인간이 동굴에 살 때 뱀에게 물려서 죽거나 다치는 사람이 생겼는데 돼지와 함께 사니 그런 일이 없어졌다. 피부 지방층이 두꺼운 돼지는 뱀에게 물려도 끄떡없었으며 오히려 잡식성인 돼지가 뱀을 잡아먹었다. 사람이 보호받기 위해 집안에 돼지를 길렀다는 뜻풀이가 설득력 있다. 또 다른 이야기는 듣기에 좀 거북하긴 하지만 집에 사는 사람이 돼지처럼 변했다는 것이다. 알고 보면 돼지는 참 깨끗하고 영리한 동물이다. 사람이 가축으로 기르면서 돼지를 탐욕스럽고 지저분한 동물로 만들어버렸다. 소나 개 같은 가축과 달리 오직 살찌워서 고기로 팔기 위해 기르면서 돼지를 그렇게 만들어버렸다. 아무러하든 家(가)는 누가 사느냐에 따라 사람의 집이 되기도 하고 돼지의 집이 되기도 하는 묘한 관계를 나타내는 글자다. 이렇듯 집은 인간을 위해 특화 되어왔다.

하늘을 나는 새는 사람처럼 휴식을 취하거나 가족들이 모여 살기 위해서가 아니라 알을 낳고 새끼를 기르기 위해 집을 짓는다. 새끼가 성장하여 둥지를 떠나면 그 집은 빈 둥지가 된다. 다음 해에 새끼를 치려면 어미 새는 새로운 둥지를 또 만든다. 따라서 어미 새는 그때그때 새끼가 안전하고 안락하게 자랄 수 있도록 자리를 찾아 둥지를 짓는 것이다. 새 종류마다 집 모양이 다르고 집을 짓는 장소도 다르다. 그래서 새 집을 보면 어떤 새 둥지인지 알 수 있다. 제 성격과 습성에 따라 집을 짓기 때문이다.

신동엽 시인의 작품 「껍데기는 가라」에서 '껍데기'는 '나'를 감싸고 있는 몸, 즉 위선과 가식으로 포장된 사람들의 모습이다. 그러고 보면 결국 우리의 몸 역시 집[家]이다. 집(몸)을 어떻게 짓느냐에 따라 그 집에 사는 사람의 성품이 만들어진다.

바꾸어 말하면 그 몸(집)에 사는 사람의 성품에 따라 겉으로 드러난 집(모습)이 달라진다. 이 작품에서 말하는 '껍데기'는 겉치레 옷이 아니라 행동하는 몸을 말한다. 몸은 그 안에 사는 사람의 품성에 따라 모습이 달라 보인다. 그래서 말과 행동이 사람마다 다르다. 그러하므로 몸(집)을 보면 그 안에 사는 사람의 됨됨이를 알 수 있다. 좋은 둥지에는 좋은 사람이 산다. 우리는 그렇게 평생 좋은 나의 둥지를 만들며 살아간다.

소설 『숨어 있는 남자』로 잘 알려진 캐나다의 소설가이자 평론가인 로버트슨 데이비스는 "훌륭한 건축물을 아침 햇살에 비춰보고 정오에 보고 달빛에도 비춰봐야 하듯이 진정으로 훌륭한 책은 유년기에 읽고 청년기에 다시 읽고 노년기에 또다시 읽어야 한다"라고 말했다. 이처럼 건축물은 시간과 감정에 따라 그 모습이 달라 보이며, 문학 작품 역시 그러하다.

문학과 건축, 인간의 삶은 마치 실존철학을 사물화하는 것처럼 하나의 조형물이 되며, 동시에 모두 살아있는 생명체가 되어 유기적으로 상호 연결하는 텍스트가 된다. 따라서 문학, 건축, 그리고 인간의 삶은 존재하는 한 그 가치와 아름다움을 최고의 선(善)으로 이루어져야 하며, 그리하면 훌륭한 건축물과 문학 작품은 스스로 그 의미를 재생산(再生産)하면서 앞으로 나아간다. 그래서 문학과 건축은 예술이 된다. 또한 문학을 존경하고 건축을 사랑하는 사람은 그 삶이 향기롭다.

'북콘서트'를 '册談會(책담회)'

 한글이 우수하다는 사실은 우리뿐만 아니라 세계 언어학자들도 감탄하는 일이다. 자기 나라말과 글로 문화를 이루는 나라는 생각보다 그리 많지 않다. 세계역사를 보더라도 자기 나라말과 글을 가진 나라가 역사와 문화를 주도해 왔다. 그만큼 말과 글은 생활 문화에서뿐만 아니라 역사와 문화를 이어가는 데도 매우 중요한 역할을 한다.

 우리 한글을 세계에 보급하는 기관으로 세종학당재단이 있다. 현재 세계 82개국 234개소에 설치된 세종학당은 현지인들에게 한글을 가르치고 우리 문화를 알리는 일을 한다. 여기에 K-팝이 세계 젊은이들을 열광시키면서 한글이 꼭 배워야 하는 언어로 받아들이며 한글 배우기가 유행처럼 번져나가고 있다.

 이렇게 외국에서는 한글을 배우고 싶어 하는 사람들이 늘어나고 있는데, 정작 우리나라 안에서는 한글을 소홀히 대해 안타까운 마음이다. 우리말을 줄이고 뒤틀어 이상한 모양의 말을 만들어 사용하거나 외국어를 섞어 말하는 걸 유행처럼 즐긴다. 길거리에 내걸린 간판을 보면 온통 외국말이다. 외국말이라 하더라도 우리말 소리로 한글 간판을 다는 것에 만족하지 않고 아예 외국 글자로만 표기한 간판을 건 가게도 있다. 대부분 일상 용품들도 이름을 외국어로 만들었다. 언제부터인가 외국어 이름이 붙은 상품이 우수하다고 믿는 사람이 많아졌다. 커피를 파는 가게 이름은 당연히 외국어다. '커피가게' 또는 '커피집'이라고 하면 왠지 싼 커피를 파는 집이라는 느낌이 들고 '커피숍'이래야 제격이라 여긴다.

　잘못되어도 크게 잘못된 언어 습관이다. 지금이라도 늦지 않다. 우리 한글과 우리 말을 사랑하는 문화로 고쳐야 한다. 말과 글은 일상생활뿐만 아니라 정신문화에도 크게 영향을 끼친다. 우리는 한글과 우리말을 사용하는 대한민국 국민이다. 속과 겉이 모두 한국인이어야 한국인이다. 극단민족주의(Ultranationalism)를 주창하는 건 아니다. 다양한 문화를 수용하되 우리 문화에 맞추어 우리 글과 우리 말로 받아들이자는 거다. 중국이 이를 잘한다. '커피숍'이 아니라 그들은 '카페이팅' '咖啡厅 kāfēitīng'이라고 한다. 우리 한자 독음으로는 '가베청'이다. 1890년 전후에 우리나라에 처음으로 커피가

들어왔을 때 우리도 한자 이름에서 따와 '가베'라 불렀다. 소리글자인 한글과 달리 한자가 뜻글자여서 '커피숍'이라고 소리 나는 대로 표기할 길이 없어서 그렇다고 하는 분들이 있으나 중국에서는 대부분 일상에서 사용하는 외국어를 한자의 뜻을 살려 자기네 나라의 고유한 이름을 만들어 아무 불편 없이 사용한다. 우리는 왜 그렇게 할 수 없을까. 우리 한글은 소리글자여서 세계 어느 나라 말도 소리 나는 대로 한글로 표기할 수가 있는 장점이 있다. 이 장점이 오히려 단점으로 작용하여 한글을 손상하는 양날의 검이 되었다.

얼마 전에 정우영 시인이 출판기념회를 북토크, 북콘서트, 북페스티발이라고 하는데 그러지 말고 '冊談會(책담회)'로 하자고 제안하는 글을 읽었다. 한자 말이라 거슬린다면 한글로 '책탐회'(책을 탐구하는 모임을 줄인 말)로 하는 것도 좋고, 아니면 더 좋은 우리말을 연구해서 사용하자고 했다. 이 말에 동의한다. 우리 말과 글로 표현할 수 있으면 그렇게 하는 게 옳다. 익숙해지면 한글로 된 그 말이 더 아름다울 것이다.

이 글을 읽으면서 문득 나는 순우리말 형용사나 동사를 얼마나 알고 있을까 하는 생각이 들어 적어보았다. 10개를 찾는데 진땀을 흘렸다. 명색이 우리 글로 작품을 쓰는 소설가인데 그 자리에서 순 우리 말 10개를 떠올리느라 끙끙댄 게 참 부끄러웠다. 시간을 두고 생각하면 할 수 있는 일이지만 한국인이라면 이 정도는 곧바로 말할 수 있어야 한다. 지금부터라도 늦지 않았다. 이미 우리 문화가 되어 버린 건 어쩔 수 없지만, 고쳐서 사용할 수 있는 건 우리 말로 바꾸자. 그래야 우리 역사와 문화를 제대로 이어갈 수가 있다.

핑크대왕 퍼시와 견백론(堅白論)

 핑크 대왕 퍼시는 영국 작가 콜린 웨스트(Colin West)의 『핑크 대왕 퍼시(Percy the Pink)』에 나오는 주인공이다. 퍼시 대왕은 핑크 색깔을 좋아해서 세상의 모든 것을 핑크 색깔로 바꾸게 했다. 옷도 핑크 색깔로 지어 입게 했으며 심지어 자기가 먹는 음식은 물론 성밖에 사는 백성들도 들판에 있는 나무와 풀까지도 모두 핑크 색깔로 칠하게 했다. 그러던 중에 고민이 하나 생겼다. 하늘까지 핑크 색깔로 바꾸고 싶은데 그렇게 할 수 없었다. 고민하던 끝에 퍼시 대왕은 자신의 스승에게 명령하여 하늘까지 핑크 색깔로 바꾸는 방법을 알아 오라고 명령했다. 며칠 뒤, 스승이 하늘을 핑크 색깔로 바꾸는 방법을 알았다고 보고했다. 기뻐하는 퍼시 대왕에게 그는 안경을 하나 주면서 "이 안경을 쓰고 보면 핑크 색깔로 바뀐 하늘을 볼 수 있다"라고 했다. 이 안경을 끼고 보니 정말 하늘이 핑크 색깔로 보였다. 그뿐만 아니라, 온 세상이 모두 핑크 색깔이었다. 그날부터 퍼시 대왕은 자나 깨나 이 안경을 쓰고 살았다.

"색안경을 끼고 보다"라고 하는 말이 있다. 세상을 있는 대로 보지 않고 자기 보고 싶은 대로 보는 사람에 빗대 하는 말이다. 이를 관점(觀點) 또는 견해(見解)라고 말하기도 한다. 이 두 단어에 모두 '보다'라는 뜻의 觀(관)과 見(견)이 들어가 있다. 사물이나 사건 등을 보는 데는 올바른 시선이 필요하다는 의미다. 사물을 보는 관점이나 견해가 다르면 혼란이 발생한다.

눈을 가리키는 한자가 두 개 있다. 안(眼)과 목(目)이다. 눈을 치료하는 병원을 목과(目科)라고 하지 않고 안과(眼科)라고 하는 이유가 있다. 目(목)은 생체(生體) 기관인 눈, 즉 렌즈 기능으로서의 눈이다. 여기에 뿌리 근(根)을 덧붙여서 안(眼)이라고 하는 건 눈의 뿌리를 이해해야 보는 기능을 올바로 치료할 수 있다는 의미다. 렌즈 기능으로 세상을 보고 이를 눈의 뿌리인 마음으로 본질을 파악해야 제대로 보는 눈이 된다.

장자가 친구인 혜자(惠子)와 나눈 대화에 '견백석(堅白石)'이 등장한다. 희고 단단한 돌이다. 이를 철학으로 정리한 말이 견백론(堅白論)이다. 혜자는 장자의 친구로 장자 철학을 이루는 데 많은 역할을 했으며 제자백가 가운데 명가(名家)를 이룬 학자이자 정치가다. 이들이 나눈 견백론 역시 핑크 대왕 퍼시의 이야기와 같은 맥락이다.

희고 단단한 돌이 있다. 한 사람이 지나가면서 이 돌을 힐끗 보았다. 또 한 사람이 지나가다가 이번에는 호기심이 발동하여 돌을 직접 만져보았다. 또 한 사람은 그 길을 지나가며 돌을 보긴 하였으나 아무 관심 없이 흘깃 보아서 거기 그 돌이 있는지 알지 못했다.

이 세 사람이 한자리에 모여 서로 다투었다. 보기만 한 사람은 흰 돌이라고 하고, 만져본 사람은 단단한 돌이라고 우기고, 관심 없이 지나간 사람은 돌이 없었다고 말한다. 같은 돌 하나를 두고 어떻게 보았느냐에 따라 이렇듯 견해가 다르다.

관점을 올바르게 가지기 위해서는 상대의 생각으로 사물을 보고 상대의 언어로 대화하면 된다. 상대의 시선을 통해 나를 보면 관점이 올바로 선다. 시시비비는 이 관점이 무너지면서 서로 자신의 견해만을 주장하기에 일어난다.

빈 수레가 요란하다

 사물을 해석하는 데 있어 관점은 매우 중요하다. 이 관점에 따라 사물의 해석이 달라진다. 여기에서 우리는 두 가지 길을 발견한다. 하나는 같은 부류로 집합하기 위해서는 관점을 하나로 통일해야 한다. 다른 하나는 개인의 관점을 존중하면서 이를 한데 모아 사물의 온전한 모양을 만드는 일이다. 전자는 전체주의고 후자는 자유민주주의다. 어느 쪽을 선택하든 사물의 온전한 모양에 도달하면 되는 일이겠지만, 그 과정이 순탄하지만은 않다. 합일하는 과정에서 서로 자기 것이 옳다고 다툼을 벌이면 전자든 후자든 온전한 사물의 모습에 도달하기 전에 혼란에 빠진다. 이 혼란을 힘(권력, 또는 법)으로 제어하며 하나의 길을 만드는 일이 정치다.

 아무리 훌륭한 정치가라 하더라도 모두를 만족시키는 정치를 할 수는 없다. 만족과 불만족으로 갈라질 때 사람들은 어느 쪽에 설 것인가 고민한다. 당연히 그 답은 '만족'이다. 정치가들은 사람들을 자기 편으로 끌어들이기 위해 그들을 만족시키는 '그 무엇'을 제공해야 한다.

허장성세(虛張聲勢)라는 고사성어가 있다. 빈 수레가 요란하다는 의미다. 중국어는 뜻글자이기에 소리글자인 한글과 달리 어휘가 주는 의미가 하나로 정해지지 않는다 이 어휘가 어떤 결과를 가져오느냐에 따라 좋은 의미와 나쁜 의미로 나뉘기도 한다. 쉽게 말하면 언어가 사물의 의미를 결정짓는 게 아니라 사물이 언어를 불러오는 것이다. 예를 들면 반객위주(反客爲主)라는 말은 들어온 돌이 박힌 돌을 내친다는 의미로 우리 말에서는 부정의 의미가 된다. 그런데 나쁜 것을 물리치고 새로운 것을 세우는 건 좋은 일이다. 이때의 반객위주는 긍정적 의미가 된다. 중국 역사에서 새로운 세상을 만든 건 모두 반객위주다. 허장성세라는 말은 진나라 때 장군 선진이 오록성을 공격할 때 가는 곳마다 진나라 깃발을 꽂게 했다. 천지에 진나라 깃발이 나부끼자 적군은 지레 겁을 먹고 도망친다. 허세로 적을 물리쳤다. 전쟁은 이기는 게 목적이기에 이때의 허세는 백만대군을 가지고 싸우는 것과 같다.

정치는 국가에만 필요한 게 아니다. 개인 또는 단체 등 우리 사회 곳곳에 정치를 필요로 한다.

욕먹으면 오래 산다

 우리 사회의 잘못된 현상 하나를 살펴보기로 한다. 자기보다 실력이 두드러진 사람을 건전한 경쟁 상대로 여기지 않고 색안경을 끼고 왜곡하거나 모함해서라도 끌어내리려는 못된 버릇을 가진 사람들이 곳곳에 있다. '모함'을 그럴듯한 논리로 포장하여 SNS 게시판을 통해 전파한다. 이해관계를 떠나 객관적으로 보면 금방 모순이 드러나지만 대개 사람들은 이런 일에 앞 나서지 않으려 하고 동조자들만 모여들기에 다수의 의견처럼 선동한다. 이러다 보니 실력을 길러 경쟁하지 않고 상대방을 끌어내리려는 행동부터 하려는 사람들이 늘어난다.
 '욕먹으면 오래 산다'라는 옛말이 있다. 어감이 별로 좋지 않으나 이 말은 매우 역설적인 표현이다. 욕먹을 만한 행동을 해서 욕먹는 게 아니라 욕먹을 사람이 아닌데 욕할 때 하는 말이다. '욕(辱)'은 '욕설(辱說)'을 줄인 말로 남의 인격을 무시하는 모욕적인 말이나 남을 저주하는 말을 일컫는다. 여기에 더 보태면, 이런 쌍스러운 의미 외에 잘 나가는 사람을 시기 질투하여 뒷담화나 모함하여 인격을 훼손시키는 것까지 포함한다.

 욕을 듣는데 왜 오래 살까. '욕'이 꽂히는 과녁은 욕먹는 사람이 아니라 욕하는 사람이다. 그래서 역설적이다. 내뱉은 험한 욕을 자신이 고스란히 되받으니 몸과 정신이 온전할 리 있겠는가. 허위 사실을 진짜처럼 보이게 하여 멀쩡한 사람을 욕먹이는 일이 어디 쉽겠는가. 온갖 궁리를 해야 한다. 얼마나 스트레스를 받겠는가. 그래서 욕하는 사람보다 욕먹는 사람이 오래 산다는 역설적인 말이 등장했다.

 이런 말이 등장한다는 것은 그 사회가 매우 혼탁하다는 걸 시사하기도 한다. 선의의 경쟁으로 노력하여 성취하기보다 모사(謀事)로 목적을 쉬 이루려는 사람들이 곳곳에서 활개를 친다. 선의의 경쟁으로는 이길 수 없자 모자란 능력을 감추고 센 체하기 위해 편법을 동원하는 것이다.

 모순덩어리의 주장일지라도 이런 사람들의 말을 듣고 귀가 솔깃해하는 사람들이 의외로 많다. 세상에는 이기는 사람보다 진 사람이 더 많으며 잘 나가는 사람보다 못 나가는 사람들이 더 많기 때문이다. 초록은 동색, 또는 유유상종이라는 말이 있다. 불만을 가진 사람들끼리 동조하여 세를 불리면 불의라도 정의를 이기는 억지 사회가 된다. '욕먹는 사람이 오래 사는 일이 없기를 소망한다.

인포데믹스(infodemics)가 춤추는 사회

우리는 지금 인포데믹스(infodemics) 시대에 살고 있다. '인포데믹스'란 잘못된 정보와 악성루머가 미디어어 또는 인터넷 등을 통해 빠르게 확산하는 현상을 말한다.

사실(事實, fact)과 진실(眞實, truth)은 무엇이 다를까. 사실은 실제로 있었던 일이나 현재에 있는 일을, 진실은 거짓이 없는 사실을 뜻하는 말이다. 이 사실과 진실을 잘못 이해하거나 아예 모른 척하거나, 아니면 알면서 일부러 이를 조작하여 이득을 취하려고 하는 일들이 우리 사회에 만연하고 있다. 주로 정치판에서 난삽하게 벌어지고 있지만, 이에 영향을 받았는지 사회 각 분야에서 마치 정치판을 닮은 듯한 이러한 행태가 심심찮게 일어나고 있어 총체적 혼란을 불러일으킨다.

질 들뢰즈에 의하면 사건은 언제나 언어(의미)에 의해 이루어진다고 했다. 언어는 말뿐만 아니라 글과 몸짓 등 다양한 표현 수단을 일컫는다. 언어는 잘 쓰면 약이 되지만 잘못 쓰면 독이 된다. 지구상에 언어로 자기 생각을 표현하는 동물은 인간밖에 없다. 혹시 다른 동물에게도 이러한 기능이 있는지 학자들이 다양한 실험을 해보았으나 간혹 몇 개 단어를 표현하거나 알아듣는 동물이 있었지만, 언어 표현이라기보다 먹이를 얻기 위해 습득한 몸짓에 불과하다는 결론을 내렸다. 따라서 언어로 사건을 만드는 건 사람밖에 없다.

이마누엘 칸트는 "맥락 없는 사실은 맹목적"이라고 했다. '사실'에는 많은 취약성이 내포되어 있기에 이를 의도하여 진실로 포장하면 위험성을 유발한다는 점을 경계한 것이다. 사실은 눈에 보이는 텍스트(text)다. 진실은 눈에 보이지 않는다. 이 눈에 보이는 텍스트가 서로 연관성을 가지고 모여 맥락을 이룰 때 눈에 보이지 않는 '진실'에 접근하며 순기능으로 작용하나 맥락이 없으면 '맹목적'인 사실로 진실과 멀어지는 역기능으로 작용한다. 남을 해코지하려고 꾸미는 사건들에는 이 맥락이 존재하지 않는다. 그래서 진실로 보이게끔 치밀하게 언어를 조작하여 가짜 맥락을 만든다. 사실과 진실을 구분하지 못하면 이 조작된 사실에 사람들은 속아 넘어간다.

아이러니하게도 이렇게 조작된 사건에 잘 속아 넘어가는 사람은 대개 잘났다고 떠드는 똑똑한 사람들이다. 분석력이 뛰어나고 논리적이라고 자부하는 사람들이 의외로 이 조작된 맥락에 잘 빠져든다. 큰 힘을 들이지 않고 이익을 추구하려는 욕망 때문이다. 웃기게도 이렇게 빠져든 사람들은 스스로 정의롭다고 그렇듯 하게 포장하면서 진실이 배제된 사실을 진실로 둔갑시켜 주는 데 동조한다.

저널리스트 월터 리프먼은 그의 저서 『여론』(커뮤니케이션북스, 2021)에서 "뉴스와 진실은 동일한 게 아니다"라고 말한다. 뉴스는 사실을 전달할 뿐이며 사건을 두드러지게 하려는 속성을 가지고 있다. 이 사실이 진실과 동일하지 않다는 것이다.

우리는 불행하게도 탈진실(post-truth)이 난무하는 인포데믹스(infodemics) 시대에 살고 있다. 객관적인 사실보다 개인적인 신념과 감정에 호소하는 것이 여론을 형성하는 데 더 효과적이기에 이런 현상이 생긴다. 이 '탈진실'에는 말 그대로 진실이 배제되어 있다. 지금 우리 사회가 이렇게 변질하고 있다. 가짜뉴스와 거짓정보가 난무하고 악성 루머가 순기능으로 가면을 쓰고 세상을 지배하려 한다.

조화와 균형의 미학(美學)

 조화(調和)는 '서로 잘 어울림'을, 균형(均衡)은 '어느 한쪽으로 기울거나 치우치지 아니하고 고른 상태'를 의미한다. 여기에 자연(自然)을 더 보태면 그야말로 유토피아가 완성된다. 자연은 사람이 손대지 않은 있는 그대로의 질서 공간이다. 이 질서 공간에서 조화와 균형을 이루니 무엇을 걱정하겠는가.

 이 아름다운 세상을 버리고 우리는 발전이라는 이름으로 왜곡하고 변형시켜왔다. 물론 필요와 편의를 위해 어느 정도 인위적 변화가 불가피하겠으나 인간의 욕망은 '어느 정도'에 만족하지 못하고 균형을 잃고 도를 넘게 되어 문제를 일으킨다. 이렇게 키운 욕망이 이젠 우리의 삶까지도 왜곡하고 변형하는 지경에 이르렀다.

 젊은 날 철도공무원으로 시골 조그마한 역에서 근무할 때다. 눈이 많이 내린 겨울 어느 날 밤에 역장과 둘이서 야간 근무했다. 전기도 들어오지 않은 시골이어서 밤에는 기차도 사람도 다니지 않았다. 난로 위에 물을 담은 바케쓰를 올려놓고 마주 앉아서 이런저런 이야기를 나누던 끝에 역장이 내게 뜬금없이 김이 모락모락 피어오르는 바케쓰의 물을 가리키며 "저게 뭐 같냐?" 하고 물었다. 나는 잠시 말문이 막혔다. 우문현답을 요구하는데 그 답을 찾지 못했다. 그러고 있으니 "저거 사람이야." 하는 게 아닌가. 바케쓰의 물은 자연 속에 그냥 놔두면 시간이 흐르면서 저절로 증발하고, 그게 구름이 되고 비가 되어 다시 땅으로 돌아온다. 이 균형과 질서가 바로 사람과 같다는 것이다. 그날 저녁 나는 난데없이 역장에게 인생 철학 공부를 하였다. 사람도 그렇게 자연 속에서 균형과 질서를 이루며 살면 제 수명대로 살 수 있으나 욕망에 불을 지르면 저 바케쓰 물처럼 금방 생명이 증발한다는 거였다.

초절주의(超絕主義) 철학으로 유명한 미국의 철학자 에머슨(R. W. Emerson, 1803-1882) 역시 조화와 균형으로 인간의 자유의지를 발견하고 실천하라고 강조했다. 그의 철학 세계를 그린 『에머슨, 조화와 균형의 삶』(서동석, 은행나무, 2014)에 새겨들어야 할 내용이 있다. "지위의 높고 낮음은 일시적인 현상이고, 길게 보면 운명은 동일한 시소의 양 끝과 같다. 기쁨 속에 슬픔이 잉태되어 있고 불행은 행복의 씨앗이다. 불행과 행복은 서로 원인과 결과로 꼬리를 물고 있어서

동전의 앞뒷면과 같이 서로 떨어질 수 없는 운명적 보상관계를 형성하고 있다"(이 책 183쪽)

지성(知性), 감정(感情), 의지(意志)가 균형을 이룰 때 자유의지와 함께 개인 삶의 질이 높아지고, 그런 개인이 모인 사회는 조화를 이루어 행복이 완성된다. 말대로 이론대로만 세상이 생성된다면 무슨 걱정이겠는가. 우리는 이를 몰라서 행동으로 옮기지 않는 게 아니다. 알면서도 행동으로 옮아가지 않는 것은 마음의 균형과 조화가 무너져서다.

장자의 빈 배(虛舟)와 노자의
충기이위화(冲氣以爲和)

 종교 또는 철학에서 인성을 완성하는 실천 행동으로 한결같이 '비움'을 선택한다. 채움이 없으면 비움도 없고 비움이 없으면 채움도 없으며 더욱이 세상을 살아가자면 무엇이든 가져야 하는데 왜 하필 '비움'에서 길을 찾았을까. 아무것도 가지지 않고는 세상을 살아갈 수가 없다. 굶으며 살 수도 없다. 비우고 채우는 미학(美學)적 본질을 이해하지 않고는 이 말의 의미를 새기기 힘든다.

 여기서 말하는 비움은 채우고 비우는 공간 개념이 아니라 차 있어도 비어있고 비어있어도 차 있는 허공(虛空)을 이른다. 이 허공의 개념을 이해하고 실천하면 나도 차고 상대도 차며 나도 비고 상대도 비는 참 진리의 공간에 이르게 된다. 채우고 비우는 질량이 같아서 있고(有) 없고(無)의 개념이 존재하지 않은 그런 질서의 상태가 허공이다. 비어있는 공간에 넘치게 채우려는 욕망이 커지면 이 조화가 무너져서 혼돈으로 무너진다.

'장자(莊子)의 빈 배'가 그러한 공간이다. 장자는 노자(老子)와 함께 자연의 도(道)를 추구한 철학자이면서 노자와 달리 이솝처럼 이야기를 이용하여 쉽게 이해할 수 있게 지혜를 전한다. 어찌 보면 뛰어난 문학가이기도 하다. '장자의 빈 배'는 이렇다.

배를 타고 강을 건너는데 다른 배 한 척이 다가와서 충돌한다. 화가 나서 상대 배를 향해 소리를 지르려는데 그 배는 빈 배였다. 아무도 타지 않은 빈 배가 흘러와서 자신의 배를 부딪친 거다. 화를 내려다 멈춘 순간 그는 큰 지혜를 깨닫는다. 만약 그 배에 누가 타고 있었으면 화날 일이었는데 아무도 없는 빈 배여서 그 화가 사라졌습니다. 세상을 살아가면서 '나'를 그렇게 빈 배가 되게 하면 부딪쳐도 부딪혀도 화날 일이 없다.

장자뿐만 아니라 수많은 철학자와 종교에서 '비움'의 지혜를 말하고 있다. 노자와 장자는 '허(虛)'를, 석가모니는 '방하착(放下着)'을, 예수그리스도는 '케노시스(Kenosis)'를 말하고 있다. 모두 '비움'을 뜻하는 말이다. 노자의 『도덕경(道德經)』, 장자의 『남화경(南華經)』, 『불경(佛經)』 『성경(聖經)』에는 이러한 비움에 대한 지혜의 말씀을 곳곳에서 전하고 있다.

소크라테스는 "행복의 비결은 더 많은 것을 찾는 게 아니라 더 적은 것으로 즐길 수 있는 능력을 키우는 데에 있다"라고 말했다.

소설가 무라카미 하루키(村上春樹)의 수필「랑게르한스 섬의 오후」에서 소소하지만 확실하게 행복해지는 일을 두고 '소확행(小確幸)'이라고 한 말이 유행하고, 1960년대 후반 미국의 젊은 작가들이 최소한의 조형미로 회화나 조각 작품을 창작한 데서 '미니멀리즘(minimalism)'이 유행하기도 한다.

복잡하기보다 단순한 게 좋고, 채우기보다 비우는 게 행복하다는 '비움'의 지혜가 실천으로 옮겨지는 모습이다. 북극제비갈매기는 세계에서 가장 멀리 나는 새인데 몸길이가 30cm 체중 120g밖에 안 된다. 이 작은 몸으로 매년 8월 북극 그랜랜드를 떠나 남극해로 갔다가 이듬해 5월에 돌아온다고 한다. 그 비결은 직선으로 빨리 가려고 하지 않고 바람에 몸을 싣고 바람 따라 돌아간다고 한다.

노자『도덕경』42장에 '충기이위화(冲氣以爲和)'라는 말이 나온다. 기(氣)를 비움으로써 조화(調和)를 이룬다는 의미다. 비우면서 채우는 참 지혜가 우리의 삶을 향기롭게 하고 세상을 아름답게 만든다.

사람들은 몇 개의 얼굴을 가졌을까

 우리가 시인으로만 알고 있는 라이너 마리아 릴케는 체코 출신으로 소설가이기도 하다. 체코의 본래 나라 이름은 '보헤미아'다. 자유분방한 예술정신과 자유로운 영혼을 가진 사람을 일컬어 '보헤미안'이라 부르는 말은 체코 사람이라는 뜻이다. 그만큼 체코인들에게는 태생적으로 예술정신이 흐르고 있다.

 '숨 막히도록 절박한 문체'라 극찬받는 릴케의 소설 「말테의 수기」에 "예컨대 나는 많은 얼굴들이 존재한다는 사실을 한 번도 의식해 본 적이 없다. 사람들도 많지만, 얼굴들은 더 많다. 누구나 여러 개의 얼굴을 가지고 있기 때문이다."라는 구절이 나온다. 그의 작품을 일컬어 '숨이 막히도록 절박한 문체'라고 극찬하는 이유를 이 문장을 겸허하게 음미하면 금방 알아차린다. 한 사람이 한 개의 얼굴로 산다고 믿는 사람은 "사람도 많지만, 얼굴들은 더 많다."라고 한 이 문장의 의미를 제대로 새길 수 없다.

27살 때 릴케는 조각가 로댕의 비서가 되어 파리로 온다. 이때 예술가와 이방인들로 북적이는 그가 본 파리는 부조리 덩어리였으며 이러한 파리의 엄청난 부조화를 짧은 시에 담을 수 없어 그는 '말테'라는 가공의 시인을 주인공으로 등장시켜 수기 형태로 소설 「말테의 수기」를 썼다. 파리에 모여들어 사는 사람 수보다 얼굴이 더 많아 큰 혼란에 빠지고, 그는 이 혼란으로부터 탈출하기 위해 자신이 평화롭게 살 수 있는 세상을 만들어야 했다. 심지어 집필 중일 때는 음식을 창문을 통해 들여놓을 정도로 그는 철저히 자신을 마음의 창 안에 가둔다. 이렇듯 그는 혼자일 때 가장 행복해한다. 한 개의 얼굴로는 살아갈 수 없는 세상에서 그는 한 개의 얼굴로 살아가기 위해 몸부림친 것이다.

우리는 몇 개의 얼굴을 가졌을까? 이 계산을 정직하게 한다면 우리가 사는 여기에도 분명 사람 수보다 얼굴 개수가 더 많지 않을까 미루어 짐작된다. 계산이 너무 복잡하니 세상을 다 살필 필요 없이 '나는 몇 개의 얼굴을 가졌을까?' 이 질문에 대한 대답을 찾는 게 더 간단할 듯하다.

'인생을 꼭 이해해야 할 필요는 없다./인생은 축제와 같은 것/하루하루 일어나는 그대로 살아가라./바람이 불 때 흩어지는 꽃잎을 줍는 아이들은/그 꽃잎을 모아 둘 생각은 하지 않는다./꽃잎을 줍는 순간을 즐기고/그 순간에 만족하면 그뿐.'

릴케의 「인생(Du musst das Leben nicht verstehen)」이란 시 전문이다. 한 개의 얼굴로 살기 위해서는 '바람이 불 때 흩어지는 꽃잎을 줍는 아이들'처럼 꽃잎을 줍는 그 순간만을 즐기며 사는 일이다. 카르페디엠(carpe diem)이다.

릴케는 자신의 죽음까지도 릴케답다. 그는 자신의 묘비명을 미리 준비해 두고 유언했다. 그의 묘비에는 이렇게 씌어 있다. '장미여, 오 순수한 모순이여, 기쁨이여,/그 많은 눈꺼풀 아래에서 그 누구의 잠도 아닌 잠이여.'

51살 되던 그해 가을 어느 날, 백혈병을 앓던 릴케는 이집트인 여자친구에게 줄 장미를 꺾다가 가시에 찔렸는데. 이 상처가 패혈증으로 덧나 그해 겨울 끝자락에 스위스 레만호 자락의 아름다운 마을 몽트뢰에서 세상을 떠났다. 사랑을 위해 헌정하는 아름답고 향기로운 장미가 날카로운 가시로 생명을 거두어간 이 모순을 '순수한 모순'이라 부르며 기쁨으로 환치시킨다. 이것을 묘비명으로 쓴 것이다. 수없이 깜박이는 눈꺼풀, 그렇게 한 번씩 세상을 바라볼 때마다 얼굴을 바꾸는 사람들이 죽음에 이르러서야 비로소 자신의 참 얼굴을 가진다. 이것을 그는 '그 누구의 잠도 아닌 잠이여'라고 말한다.

현(絃) 위에서 춤추는 시간들

어떤 일이든 우리는 일을 하면서 살아간다. 그 일에는 반드시 이루고자 하는 목적이 있다. 그렇게 열심히 노력하여 그 목적을 이루면 참살이를 한 걸까.

"내 경험상, 만약 돈 때문에 이 일을 시작한다면 닭 쫓던 개 신세를 면치 못할 겁니다. 돈은 결코 그렇게 따라오지 않아요. 뭔가가 더 있어야 합니다. 실패하더라도 이 일에 엄청난 시간과 노력을 쏟을 만한 가치가 있는 그런 것이어야 한단 말입니다."

미국 실리콘밸리의 유명한 컨설턴트 랜디 코미사가 쓴 『승려와 수수께끼』(이콘, 2020)에 나오는 이 말처럼 목적만 쫓는 사람은 '닭 쫓던 개 지붕 쳐다보는' 허무함을 반복할 수밖에 없을 것이다.

열심히 노력한다고 해서 목적을 다 이루는 것도 아니려니와 이룬다고 해도 그 목적이 온당하지 않은 경우도 많다. 어떤 일을 하든 먼저 목적이 온당해야 하며, 혹여 이루지 못하더라도 그 일을 하기 위해 투자한 시간과 노력이 헛되지 않아야 한다. 그리하여야 후회하지 않는 참삶을 얻는다. 열심히 노력하여 목적을 이루는 것도 중요하지만, 그것보다 그 목적에 다가가기 위해 노력하는 과정이 더 가치 있기 때문이다.

1991년에 개봉한 영화 「현 위의 인생(Life on a String, 邊走邊唱)」을 본 감동이 떠오른다. 중국의 5세대 감독 천카이거(陳凱歌)가 연출한 영화로 스톄성(史鐵生, 1951-2010)의 단편소설 「명약금현(命若琴弦)」(1985)이 원작이다. 이 소설은 중국 교과서에 실릴 정도로 문학성이 뛰어난 작품이다. 무명이었던 천카이거 감독은 이 영화로 세계적인 거장의 반열에 올랐다.

늙은 스승에게 삼현금(三絃琴)을 배우는 맹인 소년이 이 영화의 주인공이다. 스승의 임종을 지켜보던 날 소년은 눈을 뜰 수 있는 비방이 들어있는 상자가 스승에게 있다는 걸 안다. 천 번째 현이 끊어져야 이 비밀 상자를 열 수가 있다. 소년은 피나는 노력으로 현을 뜯어 스승의 나이가 되었을 무렵에는 신기(神技)에 가까운 연주자가 된다. 이 주인공의 제자 또한 맹인 연주자다. 그도 자기 스승이 이 비밀 상자를 열게 되면 함께 눈을 뜰 수 있을 거란 희망으로 열심히 현을 뜯는다. 드디어 천 번째 현이 끊어지던 날, 주인공은 조심스레 비밀 상자를 열고 마침내 눈을 뜰 수 있는 비방을 손에 쥔다. 그런데 평생 그렇게 노력하여 얻은 이 비방을 그는 제자의 삼현금 울림통에 넣어주면서 "기억하거라. 우리 인생은 이 현과 같아서 팽팽하게 조여져 있을 때만 제대로 켤 수 있는 거란다. 제대로 켤 수 있다면 그걸로 족한 거다."라고 말하고는 길을 떠나 버린다.

주인공이 손에 쥔 비방은 백지였다. 그 비방을 손에 쥐는 순간 천 번째 현이 끊어지면 이 비방을 손에 쥘 수 있다고 한 스승의 말뜻을 그는 그제야 이해했다. 천 번째 줄이 끊어질 때까지 열심히 현을 뜯은 그 순간순간이 눈을 뜨게 한 비법이었다. 현이 끊어져야만 새로운 소리가 탄생한다. '목적'을 위해 사는 게 아니라, 그 목적을 이루고자 하는 '과정'에 바로 눈을 뜨게 하는 인생의 참 의미가 담겨 있었다.

천 번이나 현이 끊어질 때까지 울렸던 그 아름다운 소리, 그 소리를 숙성시켜 가는 게 바로 어둠 속에 숨겨져 있던 눈을 찾는 행위였다. 우리도 그렇게 현 위에서 아름다운 소리를 만들며 살아간다. 내 소리를 아름답게 숙성하는 시간이 이 현 위에 있다.

지금은 공감과 이해가 필요하다

 아리스토텔레스가 "사람은 사회적 동물이다"라고 말했다. 2000년이 넘도록 인류는 이 말을 당연한 듯 받아들였으나 어떻게 해야 '사회적 동물'이 되는지 깊이 생각해 보지 않은 사람이 더 많을 것이다. 그래서일까. 사회 일원으로 살면서 마치 다른 세상에서 사는 사람처럼 행동하는 이들이 많다. 자신의 그런 행동을 무조건 옳다거나 정의로움으로 포장하여 동조자를 모으기까지 한다.

 '사회(社會)'라는 말은 원래 제의(祭儀)를 위한 모임을 뜻하는 용어였으나 영어의 society(소사이어티)를 일본에서 '社會'로 번역하면서 이를 그대로 받아들인 우리나라를 비롯한 중국과 베트남 등에서 '사회'라는 용어를 사용하고 있다. 아무러하든 '社會'라는 말에는 질서가 포함되어 있다. 제사를 지내기 위해서는 엄격한 질서와 역할이 필요하다. 주방에서 음식이 늦게 나온다고 해서 제주(祭主)가 주방에 들어가지는 않는다. 이런 제의(祭儀)의 질서를 보고 society를 '社會'로 번역하지 않았나 싶다.

집단으로 구성된 사회가 조화를 이루며 잘 움직이려면 반드시 질서를 지켜야 한다. 법률을 비롯하여 도덕과 사회상규 등이 그것이다. 사회심리학에서는 이를 동조(同調, conformity)라고 하는데, 개인의 의견이나 행동을 대다수 의견에 동화시키는 걸 말한다. 무작정 따르라는 게 아니라 약속한 룰을 따르는 것이다. 그런데 이 룰에 대한 해석을 제각각 다르게 한다면 질서는 무너진다. 사람들은 이를 알면서도 자신에게 유리하게 또는 기만하여 해석하기도 한다. 심지어 자신에게 유리하게 룰을 바꾸기도 한다.

아리스토텔레스가 말한 '사회적 동물'이 되는 데에는 집단이 요구하는 강압적 동조만이 필요한 게 아니다. 여기에 공감과 이해가 더 해야 한다. 공감과 이해는 의미가 다른 말이나 상대편 입장으로 행동을 선택한다는 점에서는 같은 맥락을 지닌다. 공감은 상대방의 의견 감정 주장에 자기도 그렇다고 느끼는 기분이다. 이해는 상대방의 의견 감정 주장을 이해하나 그것이 옳은지 그른지는 별개 문제다. 이 두 명제를 올리는 건 옳다 그르다를 판단하는 데 매우 중요한 과정이기 때문이다. 자신의 주관적 감정으로 상대의 의견 감정 주장을 판단하면 공동 사회의 질서를 유지하기가 어렵다. 그래서 예부터 이런 문제를 사회 규범을 정의하는 데 빠트리지 않고 강조한다.

역지사지(易地思之)라는 말이 있다. '우직안자역지즉개연(禹稷顔子易地則皆然)'에서 나온 말이다. 남의 입장을 나의 처지로 바꾸어 생각해 보라는 의미다. 이 말은 『맹자(孟子)』의 '이루편(離婁編)'에 나온다. 맹자는 물을 잘 다스린 중국 하(夏)나라 시조인 우(禹) 임금과 요순시대 농업의 신 직(稷)과 공자의 제자 안자(顔子)를 예로 들면서 "우(禹)는 물에 빠지는 사람이 있으면 자기가 물을 잘못 다스려 그렇다고 여겼고, 직(稷)은 굶주리는 사람이 있으면 자기가 농정을 잘못하여 그렇다고 했다"라고 하였다. 이는 모든 일을 남의 탓으로 돌리지 말고 자기 탓으로 바라보라는 충고다. 또한 공자의 제자 안자(顔子, 안회顔回라고도 함)는 난세에 태어나 허름한 골목에서 가난하게 살면서도 안빈낙도(安貧樂道)의 자세를 잃지 않았다고 한다. '역지즉개연(易地則皆然)'은 안자가 태평성대에 태어났다면 우나 직처럼 행동했을 것이고, 우나 직이 난세에 태어났으면 안자처럼 했을 거라는 의미가 담겨 있다. 여기에서 나온 역지사지(易地思之)는 이렇듯 상대방과 입장을 서로 바꾸어서 생각하라는 고사성어다.

상대방에 대해 공감하고 이해하는 마음이 살맛 나는 세상을 만드는 비결이다.

부분과 전체를 잇는 맥락, 그리고 '챗GPT'

양자역학을 창시하여 1932년에 노벨 물리학상을 수상한 독일 과학자 베르너 하이젠베르크의 자서전 『부분과 전체』(베르너 하이젠베르크, 서커스, 2020)를 최근에 읽었다. 이해하기도 어려운 양자역학이란 말에 처음엔 주춤했으나 '부분과 전체'라는 책 제목에서 느낀 매력과 과학 저술이기보다 과학자가 되기까지 습득한 사회 문화에 대한 체험 하나하나가 모여 거대한 과학을 완성한다는 말에 관심이 끌렸다. 하이젠베르크는 "과학은 종교, 역사, 철학, 문학 등 인간 정신의 총체적인 활동과 따로 떨어져 있는 것이 아니라 그것들과 밀접한 연관을 맺고 있다"라고 말한다. 바꾸어 말하면, 하나의 과학이 탄생하려면 우리가 사는 사회의 다양한 부분이 집합되어야 한다는 것이다. 미국 생물학자 에드워드 윌슨(Edward O. Wilson)의 저서 『통섭(統攝, Consilience)』과도 맥락을 같이한다. '부분'이 모여 '전체'를 이루는 게 학문이며 과학이며 문화며, 이것이 우리가 사는 사회를 완성하는 일이다.

산속에서는 산을 볼 수 없다. 아름다운 숲과 꽃과 바위를 낱낱이 감상할 수는 있으나 산속에서는 그 산 모습을 볼 수가 없다. 산을 보기 위해서는 그것을 내려놓고 산 밖으로 나와야 한다. 우리가 사는 세상도 그러하다. 낱낱의 사물과 사건에만 집중하게 되면 우리가 사는 사회의 온전한 모습을 볼 수가 없다. 사람과 사람과의 관계도 이와 다르지 않다. 크고 작은 허물만을 뜯어보려 하거나 친절에만 함몰하면 상대방의 진면목(眞面目)을 알지 못한다. 진정한 인간관계를 꽃피우기 위해서는 부분에 집중하는 게 아니라 낱낱의 모습을 넘어 전체를 그릴 수 있어야 한다. 개인의 욕망이나 목적에 빠지면 부분에 집착하여 전체를 놓치는 우를 범한다. 세상의 모든 다툼과 실패는 그래서 일어난다.

'여산진면목(廬山眞面目)'이라는 고사성어가 있다. 너무 깊고 그윽하여 그 참모습을 보지 못한다는 뜻이다. 이 말은 중국 북송 시대 시인 소동파(蘇東坡)의 시「제서림벽(題西林壁)」한 구절에서 따왔다. 소동파가 장시성에 있는 여산(廬山)을 보고 그 웅장함에 취해 쓴 시다. 한쪽은 장강에 둘러싸여 있고 다른 쪽은 해발 1,500~1,600m의 수많은 준봉이 종횡으로 얽히고설켜 그 아름다움에 취할 수는 있으나 여산의 온전한 모습을 볼 수가 없어 불식여산진면목(不識廬山眞面目) 지연신재차산중(只緣身在此山中)이라고 했다. '여산의 참모습을 알지 못하는 건 단지 이 몸이 산속에 들어와 있어서다'라고 한 것이다.

부분만을 보고 전체를 잃지 않으려면 부분들을 모두 모아서 전체로 잇는 맥락을 아는 지혜가 필요하다. 여산이 그러하지만, 하물며 사람은 그 여산보다도 더 깊고 웅장하며 마음의 줄기가 종횡으로 복잡하게 얽혀 있다. 사람을 제대로 알려면 그만큼 더 많은 조각을 모으고 올바로 이해하여 온전히 전체를 그려야 한다.

이게 힘들어서일까. 최근 '챗GPT'라는 물건(?)이 나와 세상을 떠들썩하게 한다. '챗GPT'는 채팅하는 AI 로봇이다. 채팅 창에 무엇이든지 물어보면 대답을 척척 해낸다. 심지어는 그림을 그리고 노래 작곡도 하며 시나 소설까지 쓴다고 한다. 사람들은 이 재미에 너도나도 빠져든다. 공개한 지 5일 만에 100만 명이 이용했다고 하니 그 열기가 대단하다. 하늘에서 뚝 떨어진 것처럼 연구자들이 기술만으로 '챗GPT'를 만들어낸 게 아니다. 우리가 그동안 창의적으로 생산한 각종 문화와 예술작품의 패턴들을 모아 입력하고 그 조각 하나하나를 조립하여 답을 내놓는다. 결국 '챗GPT'은 우리가 하지 못한다고 하는 '부분을 모아 전체의 맥락'을 만드는 일을 대신해주는 기계다. '챗GPT'가 올바른 답을 한 건지 아닌지 우리는 모른다. 우리가 모아야 할 생각의 조각들을 기계가 대신했기 때문에 우리에겐 그러한 맥락이 존재하지 않아서 그렇다. 그러하므로 이 기계에 우리를 맡겨 끌려가야 할 것인지는 우리 스스로가 선택하고 판단해야 한다.

화가 엔더스 소른의
「목욕하는 달라나 지방의 소녀들」

무엇이 예술일까? 예술이 무엇인지 알고 있으나 짧은 문장으로 대답하려면 생각이 엉켜 쉬 정리되지 않는다. 평소 '예술'을 일상의 한 부분으로 받아들이지 않고 특별히 감상하는 일이라 여겨서 그렇다. 예술가가 창작한 예술 작품을 잠깐 감상하거나 소장하는 것만으로는 그 예술성을 온전히 향수(享受)했다고 할 수 없다.

예술 작품을 제대로 이해하려면 보고 듣고 가슴으로 궁글려서 일상에서 활용해야 한다. 가만히 뜯어보면 우리 일상에서 예술과 무관한 게 거의 없다. 단순한 노동이거나 잡념이라 치부하는 것에도 예술이 활용되고 있다. 예를 들면 외출하기 위해 옷매무새를 고치고 머릿결 하나라도 제 위치에 있도록 손질하는 일에도, 멍하니 앉아 허공을 바라보는 순간에도 예술 행위가 포함된다.

이제 예술이 무엇인가? 라고 누가 물으면 바로 대답이 나올 것이다. 필자의 경우 '재생산(再生産)'이라고 대답한다. 예술 창작물이 감상자에 의해 재생산이 이루어지지 않으면 그건 '인스턴트 식품' 같은 것에 지나지 않는다. 같은 감상자라도 시간과 공간에 따라 다른 감정으로 재생산되는 게 예술이다. 예술가는 작품을 창작할 때 작품에 '감정의 여백(餘白)'을 둔다. 그 자리에 감상자의 감정이 개입되어 새로운 생명으로 거듭 태어나는 것이다.

언제부터인가 그림에 관심을 가졌다. 그림을 직접 그리거나 소장하는 역량이 부족하기에 감상하는 즐거움을 얻는 데 만족한다. 작품과 나, 그리고 오늘 현재의 현실을 연결하며 나름의 서사(敍事)를 만드는 재미가 즐겁다. 미술사(美術史)가 그러하지 않은가. 누가 미리 정리한 미술사를 참고하여 작품을 그 틀 속에서 이해하기보다 자신의 감정에 담아 정리해 보면 예술을 새로이 이해하며 재생산한 자기만의 세상을 발견하게 된다. 필자는 이를 즐긴다. 물론 여기에는 보편성과 특수성의 균형을 이루는 일관된 논리와 분석이 필요하다.

스웨덴 스톡홀름 국립미술관이 소장하고 있는 엔더스 소른(Anders Zorn, 1860~1920)의 작품「목욕하는 달라나 지방의 소녀들」이 오늘 칼럼의 주인공이다.『죽기 전에 봐야 할 명화 1001』(스티븐 파딩, 마로니에북스, 2016)을 보다가 이 작품에 관심이 가서 배낭을 메고 4개월 동안 유럽 여행 중 이 작품을 보기 위해 스톡홀름의 국립미술관을 찾아갔다. 이 그림 앞에 서자 도록으로 보던 느낌과는 전혀 다른, 자연과 사람이 어울려 살던 먼 옛날 인류를 만난 듯한 환희에 휩쓸리는 환상을 만났다. 엔더스 소른은 빛을 이용한 화면 구성에 뛰어난 화가다. 지금까지 '목욕하는 여인들' 명화를 숱하게 보았으나 그와는 전혀 다른 느낌을 받았다. 르누아르의「목욕하는 여인들」(프랑스 오르세 미술관)은 자연을 배경으로 하고 있지만 비만할 정도로 살찐 여인들이 부담스러웠고, 프레더릭 레이턴의「목욕하는 프시케」(런던 테이트 미술관)는 너무 아름답게 묘사하여 거부감이 생겼으며, 로렌스 알마 타데마의「인기 있는 관례」(런던 테이트 미술관)는 웅장하고 화려한 대리석 목욕탕을 배경으로 한 사치와 쾌락이 넘실거려 취향에서 멀어졌다. 폴 세잔느의 최고 걸작품으로 꼽히는 대작「목욕하는 여인들」은 여인들이 집단으로 목욕하는 장면인데 개인적으로는 시선이 산만해져 명성만큼 큰 감동이 오지 않았다.

  엔더스 소른의 작품「목욕하는 달라나 지방의 소녀들」은 양광(陽光)이 쏟아져 들어오는 자작나무 숲속에 허름하게 지은 전통 목욕실 다스투에서 두 소녀가 목욕하는 장면을 그렸다.

마치 이 장면을 몰래 훔쳐보며 그린 듯 생동감이 넘친다. 조금도 난해하지 않고, 질서를 고민할 필요도 없이 그냥 보는 그대로의 자연스러운 감정이 전달된다. 자연과 사람이 꾸밈 없이 어우러지는 이 낯선 장면으로 쏟아지는 양광(陽光)에 마음이 깨끗이 정화되는 듯한 느낌을 준다. 앞서 거장들의 작품을 미리 나열한 것은 엔더스 소른의 「목욕하는 달라나 지방의 소녀들」을 관통하는 이 햇빛을 더욱 강렬하게 전하기 위해서다.

'메타(meta)인지(認知)'와 소크라테스

　요즘 메타(meta)라는 말이 유행처럼 우리 주변에 등장한다. 메타인지, 메타버스, 메타문학 등 조금 생소하기까지 한 이런 말들이 주변에서 널리 사용되고 있다. 고유명사처럼 유행어처럼 사용하고 있는 이 말의 '메타(meta)'를 관심 있게 볼 필요가 있다. '메타'는 더 높이 또는 초월하여 위치나 상태가 변화한다는 의미로 중심어의 뜻을 확대하는 접두사다. 사전에 설명된 이 풀이가 막연하여 이해하기 더 어렵게 들린다. '위치나 상태가 변화한다'라는 건 지금은 눈에 보이는 형상이 없으나 개념을 정리할 수 있을 정도로 이미 존재하고 있는 '그 무엇'까지 형상화한다는 의미다. '그 무엇'이 곧 우리의 눈앞에 형상으로 나타날 수 있는데 이게 메타다.

　더 쉽게 이해할 수 있도록 접근해보자. 형이상학(形而上學)이 영어로는 metaphysics(메타피직스)며, Physics(피직스)는 아리스토텔레스가 저작한 '자연학(自然學)'을 일컫는다.

아리스토텔레스는 이 자연학 다음 학문에서 더 큰 변화를 가져오는데 이를 형이상학(meta+physics)이라 하였다. 자연학에 meta가 붙은 건 눈에 보이는 형상뿐만 아니라 눈에 보이지 않은 '그 무엇'까지 존재 개념으로 확대하여 궁극적 존재의 본질로 인지하려는 것이다. 따라서 메타는 눈에 보이는 것뿐만 아니라 눈에 보이지 않는 것까지 개념 정리하여 총화를 이루고자 하는 인지(認知)의 확대다.

『논어』에 '아는 것을 안다고 하고 모르는 것을 모른다고 하는 것, 그것이 곧 앎이다(知之爲知之 不知爲不知 是知也)'라는 말이 나온다. 이미 공자 역시 이때 '메타'에 대해 알고 있었다. 논어의 이 구절은 '메타인지(meta認知)'와 같은 개념이다. '메타인지'는 미국의 발달심리학자 존 플라벨(J. H. Flavell)이 처음 언급한 용어로 자기 생각의 판단 능력을 일컫는다. 모르는 걸 아는 척하는 것도 위험하지만 더 위험한 건 내가 모르고 있다는 것조차 모르는 일이다. 메타인지 지수가 떨어지면 여러 문제가 발생한다. 현대사회는 많은 것을 보고 알게 되며, 그렇게 받아들인 다양한 지식과 지혜를 메타인지로 정리하여 행동으로 옮긴다. 어떻게 보면 매우 단순한 논리이지만 메타이론 지수가 떨어지면 무척 복잡하게 얽혀 해답을 얻을 수 없다. 컴퓨터의 원리인 Yes와 No가 얼마나 단순한가. 이 2진법을 조합하여 복잡한 연산까지 실행해내는 게 컴퓨터. 인간의 두뇌 역시 이와 같아서 '예, 아니오'로 정리하여 답을 만들지만, 머리와 가슴으로 수많은 데이터를 스캔하여 내놓는 답이다. 이렇게 스캔하는 능력을 '메타인지'라고 한다.

아는 만큼만 보면 모르는 게 보인다. 모르는 걸 볼 수 있는 능력, 그것이 앎이다. 모르는 게 무엇인지 알면 그 자리는 앎으로 채워진다. 무위(無爲)에서 유위(有爲)를 보는 것이다. 이 과정이 '메타'다. 모르는 걸 볼 수 없더라도 아는 만큼만 행동으로 옮겨도 메타인지 지수가 높아진다. 그런데 우리는 어떤가. 아는 만큼만으로 만족하지 않고 모르는 걸 아는 것처럼 진단하고 판단하려고 한다. 이를 보고 소크라테스가 "너 자신을 알라"라고 했다.

'메타'로 개념을 확대하려면 우선 '아는 만큼'을 씨앗으로 볼 줄 알아야 한다. 그래야 이를 씨앗으로 눈에 보이지 않는 개념을 눈에 보이게 키울 수가 있다.

독서만권(讀書萬卷) 행만리로(行萬里路)

교보문고에서는 다독(多讀)하는 고객에게 정기적으로 독서 패턴을 분석하여 문자를 보낸다. 또 등급을 매겨 다양한 혜택을 주기도 한다. 며칠 전 필자에게 '골드' 등급을 통보하면서 '생각하는 철학에 관한 관심도가 높다'라며 독서 패턴을 알려주었다. 참고로 제일 높은 등급이 플래티넘이고 그다음이 골드다. 필자는 플래티넘과 골드를 왔다 갔다 한다. 3개월 평균 20~30만 원 정도 책을 사 보면 골드 등급이다. 물론 여러 가지 특혜도 준다. 특정 서점을 홍보하려는 게 아니라 이 칼럼을 쓰게 된 동기가 되었기에 참고로 전한다.

세계적인 부자면서 훌륭한 일을 많이 하기로도 소문난 빌 게이츠는 "어릴 적 나에겐 정말 많은 꿈이 있었고, 그 꿈의 대부분은 책을 읽을 기회가 많았기에 가능했다"라고 말했다. 오늘이 있기까지 빌 게이츠를 키운 건 독서였다. 그만큼 책 읽기가 한 사람의 인생에 미치는 영향은 매우 크다.

문화체육관광부에서 발표한 2021년 연간 종합 독서율을 보면 성인 47.5%, 학생 91.4%로 나타났다. 전년에 비해 성인은 독서량이 줄었지만, 학생들의 독서율이 늘어난 건 매우 반가운 일이다. 우리나라 성인 중 50% 이상이 1년에 책 1권도 읽지 않는다는 의미다. 이 수치는 해마다 떨어지고 있다. 지금이 2023년이니까 독서율은 더 떨어졌을 것이다. 문화체육관광부에서는 해마다 독서 환경 조사를 하는데 그 가운데 2019년 독서실태 조사 내용이 관심을 끈다. 성인 독서 장애 요인으로 '책 이외의 다른 콘텐츠 이용'이 29.1%로 1위였다. 그다음이 '일(공부) 때문에 시간이 없어서' '책 읽는 것이 싫고 습관이 들지 않아서' '다른 여가 활동 때문에 시간이 없어서', 그리고 '책을 읽을 만한 마음의 여유가 없어서'가 5.4%로 5위였다. 1위를 차지한 '다른 콘텐츠 이용'은 급격히 늘어난 유튜브 활동을 원인의 하나로 본다. 이 가운데 '책 읽는 것이 싫고 습관이 들지 않아서'(13.6%)가 눈길을 끈다. 비록 3위였지만, 비중으로 따지면 이게 가장 중요한 내용이다. 아무리 바빠도 하루 세 끼 식사는 꼭 한다. 배가 고프니까 식사한다는 게 대답일 테지만, 몸 건강과 함께 정신 건강까지 얻으면 더 잘 살 수 있다는 걸 이해하지 않는다. 우리가 건강하게 행복하게 살 수 있는 가장 큰 힘은 지식과 지혜다. 책을 읽지 않고도 살 수는 있으나 책을 읽으면 더 좋은 삶을 가질 수 있다.

  필자의 경우이긴 하지만, 독서할 때 책을 끝까지 다 읽을 필요 없다. 노르웨이 희곡 작가 헨릭 입센도 "책을 읽되 전부를 삼켜버리지 말고, 한 가지 무엇에 이용할 것인가를 알아야 한다"라고 했다. 책을 읽는 목적이 즐거움을 얻기 위함이기도 하나 무엇보다 정보를 얻는 데 있다. 책을 선택할 때 대부분 이미 무엇을 얻겠다 하고 기대한다. 그 정보만 얻으면 된다. 문학 작품이 아니라면 미주알고주알 꼼꼼히 다 읽을 필요가 없다. 어느 정도 정보가 들어올 때까지 읽으면 일단 독서의 목적이 이루어진다. 이때 중요한 건 맥락(脈絡)을 잘 연결하며 읽어야 한다. 어떻게 보면 독서로 얻는 목적 가운데 정보보다 이게 더 중요한 것일 수 있다. 어떤 책이든 저자는 다양한 정보를 전달하기 위해 고민하며 맥락을 연결하여 서술한다. 저자의 이 결과물을 독서하면서 내용의 맥락을 파악하고 연결하는 체험은 일상생활에서도 큰 영향을 준다. 목차를 보고 띄엄띄엄 건너뛰며 읽어도 좋다. 그 정도만으로도 한 권의 책을 읽는 독서 효과로 충분하다. 나중에 이 정보를 이용해야 할 필요가 있을 때 그때 이 책을 다시 찾아 정보를 확인하고 내용의 깊이를 파악하며 다시 읽으면 된다. 책을 다 읽어야 한다거나 많이 읽어야 한다는 강박감이 오히려 독서 습관을 해친다.

'독서만권(讀書萬卷) 행만리로(行萬里路)'(책 만 권을 읽고, 만 리를 여행하라)라는 말이 있다. 꼭 만 권을 읽고, 만 리를 여행하라는 게 아니라 그만큼 많이 읽고 많이 여행하라는 의미다. 훌륭한 학자들, 성공한 인물들, 사회를 변혁시킨 인물들의 공통점은 모두 책을 많이 읽고 여행을 많이 했다는 것이다. 책을 읽지 않는 가장 큰 원인은 외부 환경보다 책 읽기를 공부로 여기도록 길들인 내부 요인에 있다. 책 읽기는 즐겁게 여행하고 재미있게 영화 한 편 보는 것과 같다. 이런 습관이 책을 즐겨 읽게 만든다.

인류 문화의 발전 동력,
'이그노라무스(ignoramus)'

"한 사람에게는 작은 발걸음이지만, 인류에게는 위대한 도약이다."

1969년 7월 20일, 미국의 아폴로 11호가 달 착륙에 성공하던 때 닐 암스트롱이 달에 첫발을 내디디면서 한 말이다. 바로 앞 세기에 살던 사람들은 달에 사람이 간다는 건 상상도 하지 못했다. 그 순간 우리는 계수나무 한 그루와 토끼 한 마리를 잃어버렸다.

문명과 인간의 행복 사이에는 어떤 역학관계가 존재할까. 그냥 살아가는 대로 살아가면 되지 뭘 그리 복잡하게 생각하느냐고 하는 분들도 계실 것이다. 그렇다. 이런 명제는 골치 아프다. 그러함에도 이런 의문을 떠올리는 건 지금 우리가 추구하는 행복의 올바른 결을 찾고 싶어서다. 달에 사람이 감으로써 위대한 문명을 얻은 대신 우리는 소중한 꿈 하나를 잃었다. 우리는 다음 세대에게 또 무엇을 잃게 할 것인가. 거창하게 역사를 내다보지 않더라도 우선 '나' 자신은 어떤 걸 원하고 어떤 걸 잃는지 알아야 하지 않겠는가.

『소크라테스의 변명』(플라톤, 박문재 옮김, 현대지성, 2023)을 읽다가 '이그노라무스(Ignoramus)'를 발견했다. 발견했다기보다 눈에 들어왔다는 표현이 낫겠다. 이 전에 읽었을 때는 무심히 지나쳤는데, 이번 개정판을 다시 읽다가 그제야 이 보석 같은 단어가 눈에 들어왔다. 라틴어로 '우리는 모른다'라는 의미다. 우리말 단어로 바꾸면 '무지렁이'와 같은 의미다. 고도로 뛰어난 지식과 지혜가 인류를 진보시킨 게 아니라 이 '모른다'가 우리의 문명과 문화를 이끌었다는 걸 믿을 수 있겠는가.

소크라테스가 한 말로도 잘 알려진 그리스 델포이 신전에 새겨놓은 '너 자신을 알라'라는 글은 '이그노라무스'를 말한다. 지난번 칼럼에서 미국의 발달심리학자인 존 플라벨(J.H. Flavell)이 명명한 '메타인지'와 공자의 말을 옮긴 『논어』의 '知之爲知之 不知爲不知 是知也(아는 것을 안다고 하고 모르는 것을 모른다고 하는 것, 그것이 곧 앎이다)'와 맥락이 닿는다. 이렇듯 동서양 철학의 뿌리가 '아는 것'이 아니라 '모르는 것'에서 출발했다는 사실이 놀랍기만 하다. 『사피엔스』의 저자 유발 하라리는 이 책에서 인간을 진보시킨 세 가지 혁명을 말했다. 인지혁명, 농업혁명, 과학혁명이 그것이다. 이 가운데 유발 하라리가 주목한 건 인지혁명이다. 메타인지와 같은 의미다. 인류가 '모른다'라는 걸 인지함으로써 새로운 문명과 문화로 진입했다는 것이다.

『소크라테스의 변명』은 소크라테스의 제자인 플라톤이 사형선고를 받은 스승의 재판 과정에서 보고 들은 말을 기록한 책이다. '변명'이라고 번역했지만, 내용은 '변론'이다. 소크라테스는 자신을 고발한 사람들을 질타하는 형식을 취했지만, 사실은 아테네 사람들에게 던지는 충고의 말을 했다. 이 재판정에서 소크라테스는 어떤 지혜 덕분에 자신이 유명해졌다고 말한다. 그게 바로 이그노라무스다. 어느 날 소크라테스의 지지자면서 친구인 카이레폰이 델포이 신전에 가서 신탁을 구했다. 친구 소크라테스가 너무나 지혜로워서 샘이 났던 모양이다 "세상에서 소크라테스보다 더 지혜로운 사람은 없습니까?" 이 물음에 신은 "없다"라고 대답했다. 이 사실을 카이레폰이 소크라테스에게 가서 전했다. 이 말을 들은 소크라테스는 껄껄 웃으며 "내게는 큰 지혜가 없을 뿐만 아니라 작은 지혜도 없다. 그런데 이게 무슨 말인가." 소크라테스는 유명한 정치인, 시인 등 선지식인들을 찾아다니며 문답을 하던 중 그

해답을 찾았다. 이들은 자기가 뭐든 다 잘 안다고 착각하고 있었다. 모른다는 걸 아는 게 참 앎임을 소크라테스가 알았다. 신탁의 대답은 바로 이것이었다. 소크라테스는 모르는 걸 모른다고 한 죄로 사형을 당했다. 사형당함으로써 그는 다음 인류에게 발전 동력인 '이그노라무스'를 남겨주었다.

최초의 인류 '오스트랄로피테쿠스(Australopithecus)가 호모 사피엔스로 진화시키고, 21세기의 문명과 문화를 이끄는 힘도 바로 이 '모른다'는 걸 아는 것이다.

나는 생각한다, 고로 존재한다

라일락 꽃길
창밖은 오월인데
너는 미적분을 풀고 있다

그림을 그리기에도 아까운 순간
라일락 향기가 짙어 가는데
너는 아직 모르나 보다

　　　　　　　– 피천득 시 「창밖은 오월인데」 중 일부

이렇게 시작하는 피천득 선생님의 시가 있다. 피천득 선생님을 수필가로만 알고 계시는 분들도 있지만 훌륭한 시도 많이 남겼다. 이 시는 우리에게 많은 걸 생각하게 한다. 미적분을 푸느라 흐드러지게 핀 라일락꽃 향기를 맡지 못했다면, '나'는 내 '시간'을 잃어버렸다. 그림 그리기에도 아까운 향기로운 시간을 놓쳐버렸다.

　열심히 일하는 분들이 들으면 언짢아할 수도 있겠으나 이 시는 할 일을 놔두고 꽃구경하라는 게 아니다. 창밖에 핀 라일락꽃을 볼 여유, 즉 생각할 수 있는 여유를 가진 넉넉한 가슴으로 할 일을 하면 하는 일이 더 깊고 넓게 결과를 가져올 수도 있다는 의미가 담긴 시다.

『인간의 조건』(한나 아렌트, 이진우 역, 한길사, 2019)에서 한나 아렌트(Hannah Arendt, 1906~1975)는 '인간의 조건'으로 세계성과 다원성을 제시했다. 세계성은 사적 영역으로 자기 내부에 구축하는 세계며, 다원성은 공적 영역으로 다양한 개성을 가진 사람들이 총화를 이루는 세계를 말한다. 이를 유지하기 위한 힘으로 '노동' '작업' '행위'를 들었다. 노동과 작업은 사적 영역이며, 행위는 목적을 위해 하는 일로 다양성이 요구되는 공적 영역이다. 여기에서 노동은 먹고 살기 위해 하는 일로 사람뿐만 아니라 동물들도 한다. '작업'은 삶의 질을 높이기 위한 것으로 어떤 생각을 공글리는 창의적 발상이 있어야 가능하다. 말하자면 그림을 그리거나 문학작품을 쓰거나 더 쾌적한 집을 짓거나 여가 활동을 하는 일 따위가 작업이다. 따라서 '작업'은 사람만이 할 수 있다. 행위는 다원성을 가진 사회를 유지하기 위해 하는 것으로 타인을 대상으로 하는 일이다. 여기엔 다분히 정치적 합목적성이 따른다.

이러한 인간의 조건을 유지하기 위해서 무엇보다 '생각하는 일'이 필요하다. 생각하는 일은 정치적 자유가 있다면 누구나 할 수가 있다. 하지만 그러한 조건을 주어도 우리는 생각하는 일에 크게 관심을 가지려 하지 않으며 생각하지 않고 결과를 얻는 일에 더 만족한다. 누군가 일정한 규칙을 정해주면 그 규칙에 따르는 걸 편하다고 여긴다. 특히 폭정, 또는 전체주의 아래에서는 더더욱 생각하는 것보다 생각하지 않는 행동이 더 좋은 결과를 얻는다.

개인적으로는 이러한 한나 아렌트의 이론을 전적으로 좇고 싶지는 않지만, 그래도 지금까지 제시된 인간의 조건으로는 매우 명쾌하다고 생각한다. 한나 아렌트가 정치철학자로서 제시한 논리며 '악의 평범성'을 주장했던 것처럼 인간에게 공통으로 적용될 수 있는 가장 근접한 논리로 '생각하는 인간'을 제시했다고 생각한다.

앞서 언급한 피천득 선생님의 시 「창밖은 오월인데」를 다시 한번 감상해 보자. 한나 아렌트의 복잡한 인간의 조건보다 훨씬 쉽게 인간의 조건이 다가온다. "나는 생각한다, 고로 존재한다"라고 한 데카르트의 말도 이와 다르지 않다. 보고 듣고 이를 생각한 뒤 행동하는 일이야말로 가장 완벽한 인간의 조건이 아니겠는가.

대붕역풍비(大鵬逆風飛)
생어역수영(生魚逆水泳)

 현대 경영학을 창시한 미국의 경영학자 피터 드러커(Peter F. Drucker, 1909~2005)는 "미래를 예측하는 가장 훌륭한 방법은 바로 직접 미래를 만드는 것이다"라고 했다. 알래스카에 사는 이누이트에게 냉장고를 판 세일즈맨의 발상은 현재(익숙함)에서 미래(낯섦)를 봤기 때문에 가능했다. 냉장 냉동을 위해 생산된 냉장고를 그냥 둬도 식품이 냉동되는 이누이트가 사는 땅에 어떻게 팔 생각을 했을까. 냉동을 방지하는 도구로 사용하게 했다. 그냥 두면 자연 냉동되는 혹한의 땅에서 냉동을 방지하여 냉장시키는 용도로 냉장고를 판매한 것이다. 그는 변화의 발상으로 새로운 제품 하나를 탄생시킨, 냉장고를 최초로 만든 사람과 같은 발명가가 되었다.

 대붕역풍비(大鵬逆風飛) 생어역수영(生魚逆水泳), 『장자』

제1편 「소요유(逍遙遊)」 첫 번째 이야기에 나오는 말이다. 장자가 이 이야기를 제일 앞에 둔 이유가 뭘까. 우리에겐 살아가면서 이해해야 할 문제와 알아야 할 게 수없이 많다. 하나하나 배우면서 살아가지만, 배우는 것(지知)과 이해(지智)하는 건 다르다. 이 두 문제가 서로 얽히면서 시시비비가 발생하고, 쉽게 가야 할 길을 어렵게 가거나 극복할 수 있는 일을 포기하는 경우가 많다. 그것이 인생이라 여기며 자위하기도 한다. 장자는 선견지명이 있는 분이었다. 이런 경우를 대비하여 자신의 저술 맨 첫 번째에 이 이야기를 넣었다. '큰 새는 맞바람이 있어야 날아가고(大鵬逆風飛) 살아있는 고기는 물을 거슬러 올라야 큰다(生魚逆水泳)', 즉 변화하기 위해서는 반드시 바람과 물을 거스르는 대붕과 고기처럼 벅찬 난관이 닥치더라도 포기하지 말고 반드시 극복하며 넘어가야 한다는 큰 의미가 담겼다.

장자는 거대한 물고기 곤(鯤)이 한 번 날갯짓하면 9만 리를 날아가는 상상할 수 없는 큰 새(大鵬)로 변하게 했다. 곤 역시 조그마한 알에서 물고기가 되었고, 생어역수영(生魚逆水泳)하면서 곤이 되었다가 대붕으로 변했다. 이는 모두 변화를 통해야만 자유로운 세계를 소요하며 살아가는 무위자연(無爲自然)을 얻음을 일깨우는 이야기다. 공자의 무위이치(無爲而治)

와 노자의 무위이화(無爲而化)와도 같은 의미다.

변화를 두려워하지 말아야 한다. 부처님과 예수님 역시 이 변화를 두려워하지 않았기에 인류를 구원하는 지혜를 우리에게 남겨 주었다. 변화는 '낯섦'에서 만든다. 그러하지만 정작 변화의 변곡점은 '익숙함'에서 시작한다. 익숙함에 길들인 사람과 달리 길들인 익숙함에서 낯섦을 보려는 사람만이 변화를 발견할 수 있으며, 이 씨앗이 낯섦으로 옮아가 새로운 변화의 물결을 만든다.

"미래를 예측하는 가장 훌륭한 방법은 바로 직접 미래를 만드는 것이다"라고 한 피터 드러커의 말은 이 변화의 씨앗을 전하고자 한 것이다. 익숙함에서 변화를 꿈꾸고 그것을 이루려고 하는 의지가 결국 변화를 가져온다. 우리는 그렇게 변하며 삶을 이루어야 한다. 한때 세계 휴대폰 시장을 점유했던 핀란드의 노키아가 경쟁에서 물러나게 된 이유는 변화하는 '낯섦'을 발견하지 못해서였다.

변화하는 일은 늘 '낯섦'에 있고 '모른다'에 있다. 아는 것에 함몰하고 모르는 것을 외면하면 절대로 변화할 수 없다. 이 '낯섦'과 '모른다'를 볼 수 있는 눈은 바로 대붕역풍비(大鵬逆風飛) 생어역수영(生魚逆水泳)을 이루는 데 있다.

길 위에 선 현대인들의 고독

　미국 휘트니 미술관과 공동 주최로 팝 아트와 신사실주의 미술에 큰 영향을 준 사실주의 미국 화가 에드워드 호퍼(Edward Hopper, 1882-1967)의 〈길 위에서〉 전시회가 지금 서울 시립미술관에서 열리고 있다. 4월 20일부터 시작하여 오는 8월 20일까지 열리는 대형 기획전이다. 평소 필자가 관심을 두던 화가라 잔뜩 기대했는데, 1942년에 제작한 그의 대표작「밤을 지새우는 사람들(Nighthawks)」은 아쉽게도 이번 전시회에서는 드로잉 작품만 선보인다고 한다.「밤을 지새우는 사람들」은 현재 미국 시카고 아트 인스티튜트에 있다. 그렇다고 이번 전시회의 내용이 부실하다는 의미는 아니다. 에드워드 호퍼의 작품 270여 점을 전시한다.

　에드워드 호퍼는 "말로 표현할 수 있다면 그림을 그릴 필요가 없을 것이다"라고 말했다. 여기에서 그가 사실주의 화가로 불리는 이유를 찾을 수 있다. 특히「밤을 지새우는 사람들」에서 이러한 모습이 극명하게 나타난다. 소통이 단절된 현대사회 인물들의 고독과 상실감을 이 작품에 담았다.

  작품 배경은 어느 간이 식당이다. 제목이 시사하는 것처럼, 도시의 불빛이 사라지고 모든 가게가 문을 닫은 때 24시간 문을 여는 이 가게에만 네온 조명등이 켜져 있다. 가게에는 애인인 듯한(아니면 부부이거나) 두 남녀와 등을 보이는 중절모를 쓴 남자, 그리고 종업원 이렇게 네 명이 있다. 같은 공간에 있으면서 이 네 사람은 각기 다른 세상에 있는 사람들처럼 소통이 단절된 채 홀로 고독한 시간을 붙잡는다 특히 커플로 보이는 두 남녀는 손을 맞닿을 듯 가까이 붙어 있지만 샌드위치를 먹은 여자의 다른 손은 둘 사이를 칸막이처럼 가로막고 있다. 가까이 있으면서 마음은 아득히 먼 공간에 있다. 두 사람의 시선이 각기 다른 곳을 향하며 표정도 얼음처럼 차갑다. 조금 떨어진 공간에 등을 보이는 이 남자, 어쩌면 커플로 앉아 있는 남자의 뒷모습이 아닐까 하는 상상을 유도한다. 이 간이 식당에는 출입구가 보이지 않는다. 출구 없는 공간에서 각기 다른 생각을 하는 이 네 명의 인물.

  작품을 보지 않고 감상 글로만 상상하기에는 부족한 점이 있겠지만, 이 작품은 소통을 상실한 고독한 현대인들이 사는 차가운 사회를 그리고 있다. 어둠이 짙게 내려오고 모두가 잠든 시간에 잠 못 이루며 밤을 지새우는 사람들이 모여 있는 이 간이식당의 네온 불빛은 냉혹하리만큼 차갑다. 어두움 한 가운데 있는 '밝음'은 소통이 단절된 차가운 섬이 된다. 어둠이 짙으면 짙을수록 더욱 그렇다. 에드워드 호퍼는 빛을 매우 효과적으로 살리는 화가로도 잘 알려져 있다. 밝음이 어두움보다 더 부정적으로 느껴지도록 그림으로 묘사하는 그의 솜씨가 놀랍다.

헤르만 헤세는 『밤의 사색』(출판사 반니, 2021)에서 "나는 삶을 행복으로 보지 않고 행복을 추구해야 한다고도 생각하지 않는다. 삶은 오로지 깨어 있는 의식을 통해서만 높은 가치를 부여할 수 있는 상태이자 사실이다."라고 말하고 있다. 행복을 좋아하지 않는 사람은 없을 것이다. 행복을 가지려고 하나 누구든 행복만을 붙들고 사는 사람은 없다. "행복한 가정은 모두 고만고만하지만 무릇 불행한 가정은 나름나름으로 불행하다." 톨스토이 작품 『안나 카레니나』의 첫 문장이다. 모두가 추구하는 행복은 질량으로 구별할 수가 없기에 크고 작은 행복이 없다. 어떤 게 행복인지 행복하지 않은 건지조차 나눌 수 없다. 불행은 모두가 가지려 한 게 아니기에 나름나름 다르다. 이 다름으로 인하여 불행한 사람은 자신의 의지로 불행 속에서 행복을 찾는다. 그래서 나름나름 불행하다. 헤르만 헤세는 『밤의 사색』에서 "우리는 강해지기 위해 불필요한 노력을 하곤 한다. 하지만 때때로 일이 흘러가는 대로 놓아두는 편이 좋을 때도 있다"라고 말한다. 진정한 행복을 얻기 위해서라면 강할 필요가 없다. 내가 살아가는 대로 살아가는 그 시간 속에 행복의 씨앗이 있기 때문이다. 행복의 바구니는 그 크기로 따지는 게 아니라 채우는 것으로 만들어진다. 그래서 작은 바구니를 가진 사람이 더 알찬 행복을 누릴 수 있다.

코페르니쿠스적 발상 전환

코페르니쿠스적 발상 전환, 칸트의 3대 비판서(순수 이성 비판, 실천 이성 비판, 판단력 비판)가 철학사에서 코페르니쿠스적 전환을 이루었다고 한 데서 이런 말이 생겼다. 기존 이론이나 생각에서 정반대의 주장을 할 때 이 말을 사용한다.

서양 철학사에서 뿌리 또는 아버지로 존경받는 플라톤과 아리스토텔레스도 당시에는 천동설을 주장했다. 이들이 정리한 철학사가 인류 정신사에 미친 영향은 매우 크다. 그만큼 사물의 개념을 정리하는 정확성과 논리적 이론 전개 등 인간의 생각 영역에서 오늘날까지도 두 사람의 이론을 인용할 정도인데 왜 천동설을 주장했을까. 하기야 16세기에 코페르니쿠스가 지동설을 주장하고 과학이 그것을 밝혔음에도 가톨릭에서는 1992년에 와서야 바오로2세 교황이 이를 공식적으로 인정했다. 종교의 신념조차 이러할진대 인간인 플라톤과 아리스토텔레스가 생존할 당시에 천동설을 믿었다는 사실을 문제 삼는 건 불필요한 논쟁처럼 보인다.

이는 눈으로 볼 수 없는 환경, 생각조차 할 수 없는 '낯섦'에서 오로지 눈으로 보는 것만으로 의식을 작동시켜 판단했기 때문이다. 누구든 이에 반대하는 논리를 펼 수 없을 정도로 당시에는 천동설이 당연히 '그렇다'라고 여겼다. 그런 가운데에서 코페르니쿠스가 지동설을 주장했다. '태양이 지구를 도는 게 아니라 지구가 태양을 돈다'라고 한 것이다. 눈에 보이지도 않고, 직접 우주로 나가보지도 않은 코페르니쿠스가 모든 사람(종교의 신념까지)이 천동설을 주창하는데 홀로 지동설을 주장한 그 힘은 무엇이었을까. 천동설로는 행성의 궤도와 운동을 수학으로 설명할 수 없었기 때문이다. 과학의 힘을 믿은 것이다. 그 모순을 풀 수 있는 유일한 방법이 우주 행성의 중심이 태양이어야 했다.

프로이트는 인간의 의식과 무의식을 물에 떠 있는 빙산에 비유했다. 수면 위에 보이는 빙산은 인간의 의식 일부분이며 보이지 않는 물 아래 빙산은 인간의 의식 대부분을 차지하는 무의식 영역이라 설명했다. 프로이트가 하늘에서 별이 떨어지듯 이러한 이론을 발표한 게 아니라 문화 예술 영역을 비롯한 일상생활에서는 이미 이러한 세계를 보여주었으나 대부분 이를 깊이 관심 두지 않았다. 이처럼 '빙산의 일각'만을 보던 우리 눈앞에 프로이트가 무의식의 모습을 보여주었다. 바꾸어 말하면 눈에 보이는 게 모두라고 믿는 우리의 보편적 사고에 발상 전환의 동기를 부여한 것이다.

코페르니쿠스적 발상 전환, 이는 우리가 온전하다고 믿는 모든 것으로부터 의식 탈출을 자극하는 말이다. 절대적 진리와 믿음에서 한 번쯤 눈을 돌려보자. 인류가 발전하고 변화하는 건 코페르니쿠스적 발상처럼 누군가의 외롭게 부르짖는 목소리를 들었기 때문이다. 세상에 존재하는 모든 것에는 나름의 의미와 가치가 있다. 보이는 빙산의 일각이 아닌, 수면 아래에 있는 보이지 않는 그 의미를 볼 수 있는 시선이 우리를 발전시키며 변화하게 한다.

타우마제인(thaumazein),
그 일곱 살의 경이(驚異)

 우리는 몇 살에 어른이 되었을까? 어른과 어린이의 경계, 사회인으로 수없이 구분하는 이 경계를 명쾌히 아는 사람이 몇이나 될까. 우리는 언제부터인지도 모른 채 어느 날 그렇게 어른이 되었다. 어떤 사람은 성(性)을 아는 나이부터라고 하고, 어떤 분은 결혼하면 어른이라 부른다기도 한다. 그저 막연할 뿐 명쾌하게 와닿지 않는다. 민법에는 19살이 성인이라고 규정한다. 아무러하든 어린이 또는 청소년과 어른의 경계를 무 자르듯 법으로 경계를 만들 수 있는 일일까. 사회 질서를 만들기 위해 그리했을 테지만 자연인으로서의 어른의 참 경계는 어디쯤일까. 자동차 운전자도 면허를 따고나서 초보를 거쳐 숙련과 은퇴를 지나는데, 하물며 사람인데 어느 날 하늘에서 뚝 떨어지듯 어른이 될 리 있겠는가. 사람도 초보어른, 숙련어른을 거쳐 은퇴어른이 되어 갈 것이다.

 어린이와 어른의 경계를 '일곱 살'이라고 하면 대부분 놀랜다. 호기심이 발동하여 자료를 뒤지다가 그 초보어른의 기점을 '일곱 살'로 본 게 가장 타당성 있었다. 물론 필자의 주관적 생각이 보태졌지만, 전혀 엉뚱한 건 아니다. 모든 동물은 어머니의 자궁에서 이미 홀로 설 수 있도록 성장하여 태어나지만, 사람만은 서지도 뒤집지도 못하는 상태에서 태어난다. 일정 기간 어머니의 조력을 받아야지만 설 수도 자기 생각을 가질 수도 있게 성장한다. 그런 나이가 일곱 살이다. 여섯 살까지는 부모가 가르치는 대로 시키는 대로 잘 따른다. 그러다가 일곱 살이 되면 자기 의사를 표현하기 시작한다. 어머니가 시키는 대로 하지 않으려 한다. 그래서 예부터 미운 일곱 살이라고 했다. 조선시대에서는 '남녀 칠 세 부동석', 즉 일곱 살이 되면 여성과 남성이 함께 앉지 못했다. 이 또한 우리 선조들이 어른의 나이를 일곱 살로 본 탓이다. 태생적 본질을 순수하게 가진 '나[吾오]'가 여섯 살, 사회성으로 다듬고 포장하기 시작하는 '나[我아]'가 일곱 살, 그렇게 보았다. 장자가 자아(自我)를 찾는 열쇠를 '오상아(吾喪我)', 나[我]를 죽여야 나[吾]를 찾는다고 한 것도 이 때문이다.

아리스토텔레스는 정신을 발전시키는 수단이 오직 이성(理性)이라고 한 스승 플라톤의 이론에 의문을 품는다. 그리스 비극을 보고 나서다. 비극을 보는 관객은 이성적인 게 아니라 타우마제인(thaumazein)이었다고 했다. 그의 저서 『형이상학』 1권에 이런 이야기가 나온다. 그리스어 타우마제인을 우리말로 하면 경이(驚異)이지만, 이 말은 단순한 놀라움이 아니라 낯섦을 발견한 새로운 충격 같은 놀라움이다. 마치 일곱 살 때 한 번도 본 적도 생각한 적도 없었던 낯선 사물 낯선 세상과 마주쳤을 때의 그 느낌이다.

아테네에 있는 파르테논신전 아래(아고라 반대쪽 음악당 옆)에 디오니소스 노천 원형극장이 있다. 비극을 공연하던 곳이다. 이 자리에서 공연이 끝나면 광란의 술 축제가 밤새 벌어진다. 비극에서 실컷 울던 관객이 이번에는 술에 취해 광기의 축제에 빠진다. 이 이성과 광기를 넘나드는 경계에도 역시 낯섦의 경이가 있다. 아리스토텔레스가 그리스 비극에서 플라톤의 이성론에 의문을 품은 건 인간의 변화를 이성이 아니라 의식이 확대 재생산되는 이 경이에 있다고 본 것이다. 이 경이의 낯섦에서 사람들은 의식의 확장이 이루어지며 점점 어른이 되어 간다. 그래서 비극을 관장했던 술의 신 디오니소스는 때론 삶과 죽음, 문명과 비문명, 여성과 남성, 등 현실과 허구의 경계를 넘나드는 낯섦을 관장하는 '경계를 넘나드는 신'으로 상징하기도 한다.

우리는 시간의 흐름과는 무관하게 이 경이(타우마제인)를 일찌감치 체험한 '일곱 살'을 붙들고 있어야 한다. 이를 문학에서는 동심(童心)이라고 하는데, 어린이 마음에서 확장된 철학적 의미를 포함하고 있다. 그래서 아동문학을 '어린이와 동심을 가진 어른들이 읽는 문학'이라고 정의 내리고 있다. 동심을 가진 어른이 되자. 동심을 가진 사람은 거짓말도 폭력도 모른다. 동심을 간직하며 성장의 씨앗이 되는 그 경이를 볼 수 있어야 참 어른이다.

마음에 쌓은 담을 허물자

나무도 가을 나무껍질이 두꺼우면 겨울이 더 춥다고 한다/사람 사이의 벽도 너무 높고 두터우면/그곳은 늘 그늘이 지고 추울 수밖에 없다/그러나 벽은 저 혼자 절로 생기는 것이 아니다/다 사람의 마음이 만드는 것이다/마음을 탁 튼다면 마음이 만든 벽쯤이야/허물기 쉽지 않을까 생각해 본다

(-천양희 시「마음의 벽」일부)

사람들은 누구나 좋은 일을 만들며 살아가려 하지만 가끔은 예기치 않은 나쁜 일도 생긴다. 의도하지 않았는데도 주변 조건과 환경에 따라 자신의 의지가 조화를 이루지 못해 오해가 발생하여 생기는 불편스러운 일도 있다. 누구를 탓할 수도 없이 속수무책으로 그렇게 불편함에 휩싸이는 일이 발생하기도 한다. 사람과 사람 사이에 담과 벽이 제 위치에 있지 않아서 생기는 일이다. 오늘 문득 천양희 시인의 시「마음의 벽」이 떠올라 이 칼럼 들머리에 소개했다.

벽과 담은 안팎을 나누고 경계하기 위해 만든다. 나만의 평화로운 공간을 얻기 위해 외부와 단절하려고 만드는 구조물이다. 가끔 사람과 사람 사이의 관계를 이야기할 때 이 벽과 담을 예로 들기도 한다. '담(벽)을 쌓았다' 또는 '담(벽)을 허물었다'로 표현하면서 관계를 닫기도 열기도 한다.

 담은 인간이 주거생활과 집단생활을 하면서 만들어지기 시작했다. 적의 침입을 막고, 바람을 막고, 바깥의 불필요한 시선을 막고, 나만의 공간을 확보하는 경계가 되는 등 담과 벽은 참으로 많은 구실을 한다. 또한 가려진 우리의 생활을 바깥사람들이 상상하거나, 그것을 상징으로 보여 주는 조형물이 되기도 한다. 우리는 담을 통해서 그 안에 살고 있는 사람들의 문화 의식과 살림살이 규모 등을 살펴볼 수가 있다.

 담을 쌓는 문화도 동서양이 다르다. 동양의 담은 견고하고 안이 들여다보이지 않게 쌓으나 서양의 담은 속이 들여다보일 정도로 낮다. 어떤 분은 이를 서양은 '열린 문화'로, 동양은 '닫힌 문화'로 비유하기도 하지만, 필자는 조금 다른 시각에서 이해하고자 한다. 정복 문화에서 온 현상으로 보고 싶은 것이다. 땅 넓히기를 좋아하는 사람들은 담을 견고하게 쌓을 수 없다. 새로 땅을 넓히면 울타리를 다시 만들어야 하기 때문이다. 반대로 작은 땅이지만 더 넓은 땅을 욕심내지 않는 사람들은 처음부터 담을 튼튼하게 쌓는다. 또한 이러한 담을 통해 서양은 자유분방한 문화, 동양은 정체성을 존중하는 문화로 구별된다.

우리의 전통 담은 크고 작은 돌을 흙과 함께 어긋매끼로 얼키설키 쌓았는데, 언제부터인가 이것을 고급스럽게, 또는 단정하게 한다고 똑같은 크기의 블록으로 쌓기 시작했다. 태풍이 불어 닥쳤을 때 이 블록 담은 쉽게 무너졌지만, 전통 담은 견고하게 견뎌 냈다고 한다. 제주도의 돌담이 그 좋은 예다. 얼마 전에 작고하신 문학평론가 이어령 선생이 담에 대한 재미있는 정의를 내린 적이 있다. 이 담 문화를 우리 사회 모습에 비추어 설명했다. 서로 다른 직업을 가진 다양한 사람들이 저마다 삶의 가치를 지니며 성실이 살아갈 때 전통 돌담처럼 우리 사회는 건강해진다는 것이다.

사람들이 누구나 선호하는 특정 직업으로 몰리고, 부와 권력을 좇아 몰리게 되면, 그런 사회는 블록 담이 무너지듯 작은 흔들림에도 무너지게 된다. 그런 사회에 사는 사람들은 재물을 지키기 위해 담을 높이 쌓게 될 뿐만 아니라, 마음의 담도 단단하게 쌓게 된다.

남의 삶과 비교하는 잣대로 신분을 상승시키는 게 아니라, 자기가 하는 일에 가치를 가지는 일이 앞서야 한다. 그래야만 다른 사람이 그를 존경하게 되고, 마음의 담도 허물어진다. 눈에 띄지는 않지만, 우리 주변에는 자신과 사회를 위해 묵묵히 일하는 많은 사람이 있다는 사실을 기억해야 한다. 다양한 사람들이 사는 사회, 그리고 그들의 삶을 가치 있게 보는 사람들이 많아지게 될 때 우리 사회는 그만큼 성숙해지며 밝고 건강해질 것이다.

플라톤의 「동굴 우화」

 내게 소설가가 된 내력을 물으면 난 한결같이 빅토르 위고의 장편소설 「레 미제라블」을 읽었기 때문이라고 대답한다. 초등학교 5학년 때 교내 백일장에서 동시가 입선한 게 문학을 하게 된 동기가 되었다면 고등학교 2학년 때 읽은 「레 미제라블」은 내게 소설가가 되도록 부추긴 작품이다. 이 소설 속 등장인물 장발장과 자베르가 내게 그런 꿈을 갖도록 했다. 이 작품의 주인공은 장발장이며 자베르는 그의 실체를 밝히기 위해 끊임없이 뒤를 쫓으며 그를 괴롭히는 형사다. 장발장은 생활고로 죄를 지어 갇혔다가 탈옥한 뒤 또다시 물건을 훔치나 그뒤 훌륭하게 생활하며 시장이 되어 사람들에게 존경받는다. 반대로 그의 정체를 밝히려고 끈질기게 뒤쫓는 자베르 형사는 매정하고 잔인한 인물이다. 당시 세상 물정을 모르는 청소년기였던 나는 조금 생뚱맞게 훌륭한 장발장보다 못된 자베르에게서 더 인정의 시선이 끌렸다. 심지어 장발장은 우리 사회가 요구하는 훌륭한 인격으로 다듬어진 인물이며, 자베르는 우직하지만 남의 눈치를 보지 않고 오직 자기가 하고자 하는 의지대로 행동하는 인간의 본질을 잘 갖춘 인물로 이해했다. 이게 올바른 시각인지 아닌지 점검할 사이 없이 장발장에겐 인간의 허상을, 자베르에게는 허상을 버린 인간의 본질을 보여 주는 인물로 인지한 것이다. 이렇게 결론 내리며, 이런 인물을 창조한 빅토르 위고를 가장 훌륭한 소설가로 추앙했다. 그러면서 나도 그런 소설가가 되고 싶다는 야무진 꿈을 키웠다.

플라톤의 저서 『국가』 7권에 「동굴 우화」가 나온다. 태어나면서부터 어두운 동굴에서 손발이 묶이고 목도 돌릴 수 없도록 고정된 채 벽을 바라보며 사는 사람들이 있다. 동굴 바깥에 있는 불빛이 이들의 등 뒤에 비추어지며 이 불빛에 투영되는 사물의 그림자가 벽에 그림자극처럼 움직인다. 이들은 눈앞에 비치는 그림자들을 사물의 실제 형상으로 알고 있으며 이것이 진실이라 믿는다. 이들에게는 이 동굴 밖에 무엇이 있는지 알지 못하며 그러한 세계가 있다는 상상조차 할 수 없다. 누군가 이들에게 그림자로 비치던 동굴 밖의 사물을 직접 눈앞에서 보여 준다면 "이건 진실이 아니야!"라고 외칠 것이며, 지금까지 그림자로 본 허상이 사물의 본질이라며 우기게 된다. 여기에서 플라톤이 만든 동굴은 우리가 사는 세상이다. 그리고 벽에 비친 그림자는 우리가 세상에서 보고 느끼며 길들이는 허상의 프레임(Frame)이다. 이들은 한 번도 보지 못한 사고의 벽 너머에 있는 사물의 진실 따위는 알려고도 하지 않으며, 누군가가 그 진실을 가지고 와 보여 주어도 믿지 않는다. 눈에 보이는 사물과 보이지 않는 개념, 보이지 않는 이 개념을 제대로 알지 못하면 보이는 사물의 본질에 접근하는 일이 어려워진다. 개념의 본질을 인지하는 능력이 꽁꽁 묶인 채 오직 눈에 보이는 허상을 진실이라며 좇는다면 사물을 제대로 파악할 수가 없다.

플라톤의 또 다른 저서 『소크라테스의 변명』은 스승 소크라테스의 재판 과정의 진술을 정리한 내용이다. 이 내용을 요약하면 소크라테스는 '모른다는 걸 안' 죄로 사형을 당했다. 눈에 보이는 것이 모두인 줄 아는 사람들에게 눈에 보이지 않는 곳에 존재하는 또 다른 세상을 보여 주려 했다가 아테네 사람들의 정신을 흐리게 했다는 죄목으로 죽음을 맞았다. 소크라테스의 죽음으로 전한 이 진리는 지금도 유효하다. 공자도 '진정한 앎이란 아는 걸 안다고 하고 모르는 걸 모른다고 하는 것'이라고 했다. '모름'을 아는 게 진정한 앎이라는 의미다. 얼마나 아느냐가 아니라 얼마나 모르느냐를 잣대로 세상을 바라볼 수만 있다면 '동굴 우화' 속 인물들처럼 살지는 않을 것이다.

밀란 쿤데라와 어느 할머니 작가들

 체코 출신 소설가 밀란 쿤데라가 94세를 일기로 별세했다는 소식이 외신을 통해 전해졌다. 체코의 공산화, '프라하의 봄', 조국을 버리고 프랑스로의 망명 등을 통해 그의 문학 작품은 작품성을 넘어 이데올로기, 또는 인간의 본질을 다룬 철학적 명제 등 다양한 해석으로 국내 독자들에게도 큰사랑을 받았다. 아무러하든 그는 소설문학을 한 걸음 더 발전시킨 훌륭한 작가라는 데는 누구든 부인하지 않을 것이다. 그의 부음 소식을 듣고 오래전에 읽었던 그의 작품 『참을 수 없는 존재의 가벼움』을 다시 읽으려고 책더미를 뒤지다가 찾지 못하여 새로 한 권 사서 다시 읽는 중이다.

 이 책을 찾다가 귀한 책 한 권을 덤으로 발견했다. 시 산문집 『보고 시픈 당신에게』(강광자 외 86명, 한빛비즈, 2016)다. 한글학교에서 늦깎이로 우리글을 깨친 어르신들이 시와 산문을 써서 문집으로 펴낸 책이다. 오래전에 이 책을 읽다가 나는 잠시 호흡을 고른 뒤 옷깃을 여미고 다시 읽었다. 정신을 가다듬지 않고 그냥 스치듯 읽을 수 없는 작품들이었다. 틀린 맞춤법이나 문맥을 교열 교정하지 않고 그대로 실었으나 그 어느 유명한 문학 작품이나 철학서보다 가슴을 울리는 힘이 있었다. 좋은 글, 좋은 작품은 바로 이런 게 아닐까 하는 생각에 나를 다시 돌아보게 하였다.

밀란 쿤데라의 소설 『참을 수 없는 존재의 가벼움』과 한글을 막 깨친 어르신들의 시 산문집 『보고 싶은 당신에게』, 이 두 권의 책을 오랜 시간이 지나 동시에 다시 읽으면서 꾸미지 않은 인간의 참모습(존재의 본질)을 발견하는 특별한 독서 체험을 얻는다. 삶의 본질이 무엇인가? 이런 무거운 주제를 철학서나 훌륭한 문학 작품으로만 전할 수 있는 게 아니라는 사실을 새삼 깨우친다. 당연한 일임에도 불구하고 왜 이런 감동이 생길까. 존재의 실체를 발견한 충격보다 이런 현상을 발견한 시선에서 우리는 더 큰 감동을 얻는다. 지금까지 실체라고 믿으며 살던 허상의 허물을 벗고 안에서 똬리를 틀고 있던, 지금까지 보지 못한 '나'를 발견하는 기쁨이 있어서다.

밀란 쿤데라의 장편소설 「참을 수 없는 존재의 가벼움」은 프리드리히 니체가 한 말을 오마주(hommage)하면서 첫 문단을 시작한다.

'영원한 회귀란 신비로운 사상이고, 니체는 이것으로 많은 철학자를 곤경에 빠뜨렸다. 우리가 이미 겪었던 일이 어느 날 그대로 반복될 것이고 이 반복 또한 무한히 반복된다고 생각하면! 이 우스꽝스러운 신화가 뜻하는 것이 무엇일까?'

− 『참을 수 없는 존재의 가벼움』

(민음사, 2023, 4판 32쇄)에서 인용함.

밀란 쿤데라는 이 작품에서 첫 문단으로 이런 질문을 하면서 그 답을 독자에게 요구하고 있다. 이 작품을 읽고 독자들은 어떤 해답을 찾았을까. 당시 이 작품을 읽으면서 찾았던 답에 약간의 의문을 가지고 지금 나는 다시 그의 질문에 대한 새로운 답을 찾고 있다.

"여보, 미안해요. 내가 빨리 글을 알았더라면 당신 이해하고 좋은 안내, 좋은 친구가 되어 줄 수 있었을 것을. 어느 책을 읽다 보니 '후회 없이 삶을 산 사람은 마지막 가는 길이 편안하다'라는 글이 있더군요. 얼마나 더 살지는 모르지만 후회 없이 살다가 편안한 마음으로 당신 곁으로 갈게요. 우리 만나서 그동안 못 다한 이야기 많이 해요. 나 많이 변했어요. 그래도 꼭 알아봐 주세요."

− 『보고 시픈 당신에게』에 수록된

「보낼 수 없는 편지」(김영자) 중에서

산문 「보낼 수 없는 편지」를 쓴 필자 김영자 님과 소설 「참을 수 없는 존재의 가벼움」의 주인공 토마시를 함께 사유(思惟)의 테이블에 올려본다. 여기에 「참을 수 없는 존재의 가벼움」에 오마주로 소환된 프리드리히 니체의 철학 명제와 톨스토이의 작품 「안나 카레니나」에 밀란 쿤데라가 독자에게 질문한 해답의 열쇠가 감추어져 있다.

영원성 회기, 철학이라는 무거운 명제에서 벗어나 「보낼 수 없는 편지」에서 '나 많이 변했어요'라고 하는 것처럼 우리는 그렇게 변하고 있다. 같은 시간 위에서 같은 삶을 반복하고 있는 것처럼 보이지만 오늘 현재 내가 소비한 시간의 변화는 끊임없이 '차이'를 만들고 있다. 과거도 미래도 아닌 지금, 현재의 시간을 만드는 게 존재의 본질이다. 니체가 말한 '영원성 회기'는 이 변화의 존재를 말하는 게 아닐까.

그 산, 그 사람, 그 개

2023년 서울국제도서전(대한출판문화협회 주최)의 주제가 '비인간, 인간을 넘어 인간으로'였다. 주제가 조금 낯설면서도 매우 신선하게 다가왔다. '비인간'이라는 단어 때문이다. 참 익숙한 단어인데도 불구하고 낯설게 신선하게 보인 건 이 단어가 부정과 긍정의 의미를 동시에 가지고 있어서 그렇다. '사람답지 못하다'라고 할 때도 이 단어를 사용하지만, 당나라 시인 이백의 시 「산중답속인(山中答俗人)」에 나오는 한 구절 '별유천지비인간 (別有天地非人間)'처럼 인간 세상 너머에 있는 아름다운 세상을 이를 때도 이 말을 사용한다.

이렇게 확대한 사전적 의미 말고 '비인간'이라는 단어의 본래 의미는 문자 그대로 인간과 상대 개념으로 비인간이다. 그러니까 사람 이외의 존재를 통칭하는 용어였는데 어느 날 인간이 인간에게 '비인간'이란 말을 사용하면서 '사람답지 못하다'라는 의미가 되었다. 인간 중심의 우월성으로 만든 단어가 인간을 공격하는 말로 화살이 되돌아온 것이다. 2023년 서울 국제도서전에서 '비인간'이라는 단어를 주제로 사용한 데는 인간 중심의 사회에서 인간 너머 비인간의 시간에서 인간을 바라보자는 의미가 담겨 있다. 아울러 인간 밖의 세상을 인간 중심으로 확대 점유하는 바람에 도리어 인간이 설 위치가 위태로워진 걸 자성하며 경계하자는 의미도 담겨 있다.

인간이 사는 세상, 이곳은 어떤 모습이어야 할까. 비인간이 사는 별유천지(別有天地)를 그림으로 그릴 수 있으면 그 해답을 안다. 인간 세상에서는 볼 수 없는 낯선 곳이라 상상하기가 어렵겠지만, 인간 세상의 한계(경계)를 본다면 그 실마리가 잡힐 것이다. 우리 인간을 두고 '만물의 영장'이라고 일컫지만, 이 말은 인간이 우월함을 나타내기 위해 스스로 만든 오만한 자화자찬이다. 비인간이 인간에게 이런 말을 했다면 그 의미는 달라졌을 것이다. 인간의 우월주의가 갈 데까지 가면 결국 그 화살은 인간에게로 향하게 된다. 상대와의 경계가 허물어졌으니 이젠 같은 인간끼리 서로 우월하다고 화살을 겨누며 싸우는 지경에 이르렀다. 그러다 급기야 나라와 나라 사이에 전쟁까지 벌이는 우매한 짓도 서슴지 않는다.

1999년에 개봉한 중국 영화「그 산, 그 사람, 그 개(那山那人那狗)」가 있다. 훠지엔치(곽건기 Jianqi Huo, 霍建起) 감독이 연출한 이 영화를 본 분들은 인간과 비인간의 경계를 봤을 것이다. 이 작품은 1980년대 중국 후난성의 험한 산악지대 오지 마을을 며칠간 순회하는 한 늙은 우편집배원의 이야기다. 중국 작가 펑젠밍(彭见明, 1953~)의 소설집 『그 산, 그 사람, 그 개』(박지민 옮김, 펄북스, 2016)에 실린 동명의 단편소설이 원작이다. 집에서 기르는 개 한 마리와 함께 집배원은 산골 마을을 순회하며 우편물을 배달하고 또 부치려는 마을 사람들의 우편물을 받아 온다. 이백의 시에나 나옴 직한 별유천지에 사는 사람들, 이 오지 마을에 사는 사람들은 산 밖의 세상을 모르며 산 밖에 사는 사람들은 이 산속에 사는 사람들을 이해하지 못한다. 이 인간과 비인간 세상의 경계를 넘나드는 건 평생 힘든 일을 천직으로 아는 집배원 한 사람과 그를 따르는 로이라고 부르는 개 한 마리다.

인간과 비인간 세상이 공존하는, 사람과 동물과 자연이 함께 하는 그곳이 곧 '별유천지'다. 인간이 인간을, 인간이 비인간을 점유하려 하거나 자연을 소유하려 하면 우리는 우리가 설 땅을 잃는다.

우리가 잠든 사이에 일어나는 일들

'운명(運命)'이란 인간을 비롯한 이 세상에 존재하는 모든 걸 지배하는 초월적인 힘을 이르는 말이다. 철학에서부터 종교에 이르기까지 다양하게 운명에 대해 정리하고 있으나 그 실체를 이해하기란 쉽지 않다. 볼 수도 피해 갈 수도 없으나 운명은 우리 삶의 모습을 결정하는 데 중요한 구실을 한다. 참 고약한 물건이지만 멀리 떼놓을 수도 없다. 인간의 삶은 예측할 수 없이 결과로 나타나는 경우가 많다. 그 원인과 결과 사이에 얽힌 복잡한 인과관계를 필연적 숙명으로 받아들이기 위해 두루뭉술하게 운명이라고 했을 것이다. 어렵게 그 의미를 따지기 싫어서 그냥 쉽게 초월적인 어떤 힘에 의하여 이미 그러하게 예정되어 있었다고 믿고 싶었는지 모른다.

아무러하든 이 운명은 행 불행의 기회와 연결된다. 우리가 살아가면서 만나는 수많은 운명은 기회를 만나면서 다양한 결과로 나타난다. 어떤 기회를 만나느냐에 따라 행복 혹은 불행으로 운명의 모양이 달라지는 것이다. 물론 자신의 의지로 운명과 기회가 만나도록 하면 좋겠지만 '운명'이라는 물건은 이미 초월적 힘으로 결정지어져 있기에 우리가 조작할 수 없다. 다만 '기회'는 다르다. 기회는 준비한 사람에게만 찾아온다. 더 정확하게 말하면 그러한 운명을 받아들일 준비가 된 사람이 시대적 소명(召命)을 만나면 붙잡을 기회가 보인다. '운명처럼 기회가 왔다'라는 말은 그리되도록 미리 준비한 사람이 시대적 소명을 만났다는 말과 같다. 준비를 잘했다고 해서 모두 다 기회를 만나는 게 아니다. 시대적 소명을 만나지 못하면 그 기회가 보이지 않는다. 또한 운명이 시대적 소명을 만나게 했으나 준비하지 않은 사람에게는 그 기회가 바람처럼 지나간다.

장편소설 『주홍 글씨』로 잘 알려진 미국 소설가 너새니얼 호손의 단편소설 「데이비드 스완」에서 운명과 기회를 재미있게 이야기로 보여준다. 이 작품은 이렇게 시작한다.

우리는 우리의 삶과 운명을 결정짓는 사건들 중에 아주 극소수의 사건들만 인지한다. 셀 수 없는 사건들이 우리의 삶에 닥쳐오지만 현실에서는 아무런 결과를 내지 못하고 지나가거나 우리를 향해 다가오다가 그냥 되돌아간다.

- 『너새니얼 호손 단편선』
(한지윤 옮김, 푸른책들, 2013)에서 발췌

'그가 잠든 사이에 일어난 일들'이란 부제가 붙은 이 단편소설의 주인공 스무 살 청년 데이비드 스완은 직장을 구하러 고향에서 보스턴으로 간다. 먼 길을 가다 지친 그는 아름다운 숲과 샘이 있는 나무 아래에서 잠시 쉬다가 그만 깜박 잠이 든다. 그때 한 부자 부부가 마차를 타고 지나가던 중 하필 그곳에서 마차가 고장 난다. 그 바람에 이 부부는 잠시 내렸다가 잠자는 그를 발견한다. 이 부부는 아들을 잃고 친척 조카에게 전 재산을 물려주게 된 걸 마땅찮아 하던 참이었다. 죽은 자기 아들과 많이 닮은 그를 보자 부부는 마음이 혹해서 그를 양자로 삼아 재산을 물려주고 싶어 한다. 그가 너무 평화롭게 자고 있어 깨울까 말까 망설이는데 마부가 마차를 다 고쳤다며 외치는 바람에 아쉬움을 뒤로하고 부부는 그냥 돌아갔다. 조금 뒤 부근에 사는 부잣집 딸이 그곳을 지나다가 잠자는 그를 발견하고 첫눈에 반한다. 그의 얼굴에 붙은 벌을 조심스레 쫓아주기까지 하나 그녀 역시 잠든 그를 깨우지 못하고 그냥 발길을 돌린다. 잠시 뒤 이번에는 두 명의 도둑이 나타나 그의 호주머니를 뒤지려다가 때마침 나타난 개 한 마리가 샘에서 물을 먹는 걸 보고 가까운 곳에 일행이 있는 줄 알고 줄행랑을 친다.

 이 작품은 우리가 살아가면서 만나는 바람처럼 스쳐 지나가는 수많은 운명과 기회를 상징적으로 보여준다. 부자의 상속자가 될 수도, 아리따운 부잣집 딸과 결혼할 수도, 날강도를 만나 자칫 목숨을 잃을 뻔하기도 한 데이비드 스완처럼 우리는 그렇게 행복과 불행을 마주칠 운명의 기회를 수없이 놓친다.

  이 소설은 준비한 사람에게만 기회와 마주칠 수 있게 하는 '운명의 여신'을 만난다는 교훈을 일깨워준다. 준비는 자신의 삶을 가꾸는 에너지이기도 하다. 설혹 좋은 운명과 기회를 만나지 못할지라도 준비한 사람은 아름다운 향기로 자신의 삶을 웅숭깊게 한다. 데이비드 스완처럼 준비할 시간에 달콤한 '잠(오락, 유흥, 잡기 등)'에 빠지면 기회는 바람처럼 지나가 버린다.

일상 속으로 들어온 예술

 가끔 "예술이 무엇인가?"라는 질문을 받는다. 당황스럽게 얼른 대답이 떠오르지 않았다. 예술이 무엇인지 몰라서 묻는 게 아니기에 어떤 대답이 필요한지 궁금증이 앞서서 그렇다. 때론 "문학이 왜 예술입니까?"라는 질문을 하는 분도 있다. 역시 마찬가지다.

 우문(愚問)이든 현문(賢問)이든 뭔가 궁금해서 물었다면 마땅한 대답이 있어야 한다. 그게 뭘까 생각하던 끝에 '재생산(再生産)'이란 단어가 떠올랐다. 예술이 뭐냐고 묻는 사람 앞에서 장황하게 예술을 설명할 수도 없다.

 한 마디로 설명할 수 있는 대답이 필요했던 거다. 다음부터 이런 질문을 받으면 "재생산이다."라고 말한다. 학문으로 어떨지는 모르나 경험으로 이해한 예술은 재생산이다. 시 한 편 소설 한 편이 독자가 읽고 나면 이미 이 시와 소설은 다른 시와 소설이 된다. 독자의 감정과 환경과 체험에 따라 다양한 모양으로 변신한다. 그러고 나서 그 작품은 독자에게서 빠져나와 그 독자의 삶에 알게 모르게 영향을 미친다. 이것이 재생산이다.

며칠 전, '예술은 재생산이다'라고 했던 데 대한 정의를 보여주는 듯한 좋은 프로그램을 시청했다. 'KBS1 인간극장'에 제주 조천읍 선흘마을 할머니 화가들이 출연했다. 선한 사람들이 사는 마을이라 하여 '선흘'이라는 이름이 붙었다. 어느 농촌이나 마찬가지지만 젊은이들은 마을을 떠나고 할아버지 할머니들만 사는 곳이 많다.

이 선흘마을에 그림 선생님이 오면서 마을이 달라졌다. 할머니들이 그림을 배우며 그림을 그리기 시작한 것이다. 모두 80대 후반이며 그중에는 93세 할머니도 있다. 생전 처음으로 붓을 잡았으나 자신의 마음을 담은 그림을 삐뚤삐뚤 그리기 시작했다. 키우는 소를 그리기도 하고, 열무 한 단을 그리기도 하고, 신고 다니던 고무신을 그리기도 한다.

한글을 처음 깨친 할머니들이 가슴에 묻어둔 못다 한 이야기를 시로 산문으로 표현하듯 선흘마을 할머니들은 붓을 잡고 그림으로 표현한다. 특이한 것은 그림 옆에 몇 줄의 글을 꼭 곁들인다. 문인화가 한국화의 한 갈래이긴 하지만 서양화 형식으로 그린 그림일지라도 이쯤이면 '문인화'라 할 만하다.

이렇게 그린 그림을 자기 집 헛간이나 마당 한쪽을 갤러리로 삼아 그림 전시회도 한다. 마당미술관, 올레미술관, 인자화실, 홍미술관 등 나름 특색을 살린 전시관 간판도 붙였다. 이 선흘마을은 집집마다 모두 갤러리가 되었다.

 출근 준비하던 중 잠시 눈길을 주었다가 푹 빠져 끝까지 시청했다. 감동이었다. 할머니 화가들의 작품 중 한 할머니가 그린 참외 세 개에 눈길이 갔다. 더 정확하게 말하면 그림 한 귀퉁이에 쓴 문장이 예사롭지 않았다.

 상처 난 참외를 버리지 마라.
 상처 난 참외도
 맛은 같다.

 이 글이 없었으면 할머니가 그린 그림이 참외인지 뭔지 알 수 없었을 정도로 거칠어 보였으나, 이 글로 인하여 할머니가 그린 그림은 이미 참외를 넘어서서 우리에게 속 깊은 '철학 과제' 하나를 던지고 있다. 그림 속 참외는 사람일 수도 우리가 사는 세상일 수도 있다. 잘난 사람 못난 사람이 없다.

 다 같은 사람이요 똑같은 가치를 지니고 살아간다. '상처 난 참외를 버리지 마라. 상처 난 참외도 맛은 같다.' 늦게 그림을 배운 시골 할머니가 평생 가슴에 담고 살아온 그 하고 싶은 말을 참외 세 알에 담았다. 유명한 화가의 그림만 예술이 아니다. 예술의 재생산이 가져다주는 힘을 이 할머니의 그림에서 보았다.

행복한 사회, '사람'이 그 꿈을 이룬다

　우리는 행복한 사회를 꿈꾼다. 현대 사회는 그 행복을 다원주의(多元主義, pluralism)에서 찾으려고 한다. 각자의 개성을 존중하고 개인의 가치를 인정하는 사회, 그 개인의 개성과 가치를 인정하는 가운데 조화를 이루어 가는 게 다원주의다. 이러한 사회를 이루기 위해서는 다양하게 분화된 개인의 가치를 집단 또는 공공 이익으로 환원하는 장치가 필요하며, 이 장치가 제대로 움직이기 위해서는 정치를 비롯한 사회 공공성을 이끌 수 있는 집단지성의 역할이 온전하게 작동해야 한다. 결국 다원주의를 지향하는 행복한 사회를 이루기 위해서는 그러한 사회를 만들 수 있는 인물들이 존재해야 한다. 지금 우리 사회는 '행복한 사회'로 가는 길목 어디쯤 와 있을까.

　미국 뉴욕에는 공항이 3개 있다. 퀸스 지역에 존 F. 케네디 국제공항과 라과디아 공항, 뉴저지에 있는 뉴어크 리버티 국제공항이다. 이 가운데 맨해튼 가까이에 있는 라과디아 공항

이 많은 사람의 입에 자주 오르내린다. 공항이 유명해서가 아니다. 유명세로 따지면 존 F. 케네디 국제공항이 우리에게 더 익숙하다. 라과디아 공항 이름으로 따온 법조인 피어렐로 헨리 라과디아(Fiorello Henry La Guardia, 1882~1947) 때문이다. 그가 판사로 재직할 때의 일화 하나가 전한다. 한 할머니가 굶고 있는 손자들을 위해 빵을 훔쳤다가 체포되어 재판정에 섰다. 할머니를 고소한 빵집 주인은 절대로 용서할 수 없다며 처벌을 원했다. 사건 내용을 살펴본 라과디아 판사는 난감했다. 아무리 법대로 한다지만 이 할머니를 처벌하기에는 너무 가슴이 아팠다. 그러나 판사로서 법률을 어길 수는 없었다. 라과디아 판사는 이 할머니에게 벌금 10달러를 선고했다. 그러고 나서 자기 모자를 벗어 지갑에서 10달러를 꺼내 그 모자에 담았다. "할머니의 벌금 10달러는 제가 대신 내겠습니다. 피고인은 벌금 10달러를 방금 납부하였습니다." 그러고는 재판정에 있는 검사와 변호사, 경비원, 방청객 모두에게 50센트의 벌금을 선고했다. 어리둥절해하는 사람들에게 라과디아 판사는 설명했다. 미국 정부나 법정에 있는 모든 사람이 이 지경에 이를 때까지 그 누구도 할머니에게 아무런 도움을 주지 않은 비정함으로 이런 범죄가 일어났기에 그 책임을 묻는다고 했다. 그렇게 거둔 벌금 가운데 10달러를 제외한

나머지를 할머니에게 돌려주었다.

　라과디아 판사는 이 판결로 뉴욕의 영웅이 되었다. 그는 1933년에 뉴욕 시장에 당당히 당선되었으며, 그가 시장으로 재직하는 동안 뉴욕을 장악하던 마피아를 소탕했고, 경찰과 관청에 이들 마피아와 커넥션을 이루던 부정부패 공무원들을 모두 정리함으로써 뉴욕은 평화의 도시로 탈바꿈하였다. 뉴욕 시민들은 라과디아 시장의 이런 공로를 높이 사서 그의 동상을 세워 뜻을 기렸으며 공항 이름을 그의 이름에서 따와 붙였다. 연방 정부에서도 그의 뜻을 높이 사 기념우표까지 발행했다. 이 일화는 지금도 평화로운 도시를 위한 화제에는 꼭 등장할 정도로 평화의 도시를 이루는 법률처럼 사람들의 가슴에 깊이 새겨져 있다고 한다.

　라과디아 판사의 이 판결을 보고 우리는 어떤 생각이 들까. 무슨 일이 일어나기만 하면 "나는 아무 잘못이 없다. 나 아닌 다른 사람의 잘못으로 일어난 일이다" 이렇게 누군가에게 책임을 떠넘기기에 바쁘다. 특히 정치인들은 상대 당에 흠집을 주기 위해 오히려 물 만난 고기처럼 경쟁적으로 남 탓만 한다. 적극적 잘못은 없다고 하더라도 그런 사건이 일어난 때 함께 살고 있다는 사실만으로도 누구든 그 책임에서 자유로울 수 없다. 라과디아 판사가 방청석에 있던 사람 모두에게

50센트씩 벌금을 선고한 것처럼 말이다. 서로 책임을 통감하는, 그런 사람들이 있어야 행복한 사회를 이룬다.

아름답고 행복한 사회는 저절로 이루어지는 게 아니다. 라과디아 시장처럼 공동의 잘못을 통감할 때 그 꿈이 이루어진다.

대나무의 '마디'는 성장을 위한 시련이다

　우리는 살아가면서 이러저러한 시련들과 만난다. 원인은 다양하겠지만 결국 그 시련들은 내가 만든 삶의 '마디'다. 그러함에도 그 시련들이 마치 나와 상관없는 양, 내게 올 게 아닌데 운 나쁘게 온 것처럼 떨쳐내는 데만 급급해한다. 고통스럽기는 하지만 내 삶에서 만난 인연들은 떨쳐낸다고 해서 없어지는 게 아니다. 좋은 일도 나쁜 일도 모두 내가 만든 인연이기 때문이다. 이 인연들을 떨쳐내기보다 내 마음 그릇에 담아서 녹이면 그 시련들은 삶의 에너지로 성장한다.

　서양 속담에 '실패는 성공의 어머니'라는 말이 있다. 문맥으로 보면 이해할 수 없는 말이다. 실패하는 게 성공하는 일이라니, 실패의 시련을 겪은 분들이 들으면 분노할지도 모른다. 여기에 반전이 있다. 장자(莊子)의 언어 가운데 우언(寓言), 중언(重言), '치언(卮言)'이 있다. 장자는 자신의 사유(思惟)를 정언(定言)으로 전하지 않고 대부분 우언, 중언, 치언으로 전한다. 이 가운데 치언은 '말이 안 되는 말'이다. 말이 안 되는 말로써 심오한 철학 사유를 담아 전한다. 말하자면 역설(패러독스, paradox)을 이용한 화법이다. 실패는 성공의 어머니라는 말에는 실패를 시련이나 패배로 여기지 않고 알지 못했던 걸 실패를 통해 깨달았기에 그 실패가 힘이 되어 반드시 성공에 이르게 한다는 깊은 뜻이 숨겨져 있다. 에디슨은 전구를 발명할 때 999번 실패했다고 한다. 1,000번째 성공했을 때 사람들이 "어떻게 그 많은 실패를 견뎌냈느냐?"고 묻자 에디슨은 "나는 실패한 게 아니라 999번 성장을 했다"라고 대답했다고 한다. 실패라는 그 '마디'가 성장의 동력이 되었다.

대나무에 마디가 생기는 이유는 곧게 높이 성장하기 위해서다. 마디가 생기지 않으면 매끈하게 잘생긴 대나무가 되겠지만, 마디가 없으면 그리 곧게 높이 자랄 수 없다. 그래서 대나무는 성장을 잠시 멈추고 기다리면서 힘을 모으는데, 그게 마디다. 대나무가 휘어지거나 꺾어지지 않고 똑바로 높이 자라는 건 중간중간을 단절하는 이 마디가 있기 때문이다. 이 마디는 대나무에 있어서 시련의 아픔이지만 이 시련으로 인하여 대나무는 곧게 높이 자란다. 대나무는 이런 고결한 생장의 특징으로 일찍이 사군자(四君子)의 하나로 사람들에게 사랑을 받는다. 또한 대나무를 이르러 포절지무심(抱節之無

心), 즉 '속이 비어도 허식이 없고 마디가 있어 절도를 지킨다'
라고도 한다.

>   어둠이 내리면 대숲에 사는 사람들
>   하나같이 그들의 마디로 들어간다
>
>   칸과 칸 사이 자리 잡고
>   밤새 단절된 감정과 싸우며
>   태엽에 감긴 채 잠든다
>   -이둘림 시 「삶의 마디」 일부

이둘림 시인의 시 「삶의 마디」에서처럼, 어둠이 내리면 우리는 우리가 만든 그 '마디' 속으로 들어가 '밤새 단절된 감정과 싸우며/태엽에 감긴 채 잠든다.' 날이 새면 태양은 다시 떠오르고, 우리는 또 그런 삶을 위해 시간 위에 서야 한다. '대숲은 마디마다 담긴 공명조차 텅텅 비워 내고 있다.'(이둘림 시 「삶의 마디」 중에서) 그렇게 우리는 삶의 시간 위에서 단단한 '마디'를 만들어간다.

페르소나(persona), 잃어버린 내 모습 찾기

고대 그리스에서는 배우들의 대사가 관객들에게 잘 전달되도록 여러 가지 연구를 했다. 소리를 모으기 위해 반원형으로 극장을 만들기도 하고, 배우가 고깔 같은 걸 입에 대고 대사를 전달하기도 했다. 이게 보기에 좋지 않자 고깔을 안에 감춘 다양한 가면을 쓰고 연기를 했는데, 이 가면을 '페르소나(persona)'라고 불렀다. 이 페르소나는 나중에 사람을 뜻하는 person과 인격 또는 성격을 뜻하는 personality의 어원이 되기도 했다.

예컨대 나는 많은 얼굴들이 존재한다는 사실을 한 번도 본 적이 없다. 사람들도 많지만, 얼굴들은 더 많다. 누구나 여러 개의 얼굴을 가지고 있기 때문이다. (… 중략 …) 한 얼굴을 몇 년씩 쓰고 다니는 사람들도 있다. 물론 그 얼굴은 써서 닳고, 더러워지고, 주름잡히고, 여행 중에 끼고 다닌 장갑처럼 늘어나기도 한다. 그들은 검소하고 단순한 사람들이다. 그들은 얼굴을 바꿀 줄도 모르고, 씻을 줄도 모른다.
  −라이너 마리아 릴케의 장편소설
『말테의 수기』(안문영 옮김, 열린책들, 2013, p.10) 중에서 장편소설 『말테의 수기』의 주인공 말테가 파리에 와서 본 인상을 말하는 장면이다. 파리에는 살기 위해 몰려든 사람들이 많으며, 얼굴들은 더 많다고 묘사한다. 사람들은 여러 개의 얼굴을 가지고 있으며 다른 얼굴들을 무엇에 쓸까 고민한다.

다른 얼굴들을 잘 활용하여 화려하게 시끌벅적하게 때론 거짓으로 속이면서 잘 사는가 하면, 하나의 얼굴만 사용하고 다른 얼굴들을 잘 보관해 두었다가 자식들에게 물려주어 쓰게 하려는 사람도 있다. 그러다가 그걸 개가 쓰고 나가는 경우도 있다. 그러면 개가 사람이 된다. 소설 속 말테는 이를 두고 '그러지 말라는 법이 있는가? 얼굴은 얼굴일 뿐인데'라고 말하기도 한다.

『말테의 수기』는 우리가 시인으로 잘 알고 있는 라이너 마리아 릴케가 쓴 장편소설이다. 나르시시즘(Narcissism)을 추구하며 한 개의 얼굴로 살아가기 위해 몸부림쳤던 릴케는 이 소설 속에서 말테를 통해 가면을 쓰고 살아가는 인간들의 모습을 우리에게 보여준다.

우리는 몇 개의 얼굴을 가지고 살고 있을까? 내 얼굴이 몇 개인지 살펴본 적 있는가. 얼굴(페르소나)이 많으면 자칫 내 얼굴 몇 개쯤 잃어버릴 수가 있다. 내가 모르는 곳에서 잃어

버린 내 얼굴이 내가 모르는 낯선 사람들과 어울려 나쁜 짓을 하거나 누굴 괴롭힌다면 큰일이다. 그러하므로 내 얼굴이 몇 개인지 살피며 잘 관리를 해야 한다.

우리는 대부분 SNS를 활용한다. 자신을 나타내는 자리에 사진 대신 그림이나 좋아하는 이모티콘을 넣기도 한다. 프로필 사진을 가장 잘 생기게 다듬어 사용하기도 한다.

이렇게 이미지 관리를 위해 만드는 얼굴까지도 현대사회에서는 페르소나라고 하며 이걸 '페르소나 팽창'이라고 말하기도 한다. 이처럼 페르소나가 나쁜 의미로 사용되는 것만은 아니다. 심리학자 칼 융은 도덕과 사회 질서 등 사회인으로 의무를 다하기 위해 본성을 감추거나 다듬는 걸 '페르소나'라고 말했다. 필터를 거치지 않고 있는 그대로만 생활한다면 또 다른 부작용이 발생할지도 모르기에 순기능의 페르소나가 필요하다는 의미다.

이처럼 페르소나는 주위 사람들이나 사회의 요구를 포용하기 위해 만들어지므로 사회생활을 융통성 있게 올바르게 유지하게 한다. 그러나 자기가 만든 페르소나를 자신의 본성이라 여기면 문제가 발생한다. 본성을 버리고 페르소나만 다듬고 포장해서 마치 자기의 본래 모습인 양 행세하기 때문이다. 릴케가 파리에서 보고 걱정한 대로 이러한 현대인들이 점점 늘어나고 있다. 욕망과 권력을 추구하기 위해 페르소나를 이용하는 것이다.

이러한 페르소나의 팽창을 통제하고 페르소나 속에 감춰져 있는 본래 자기 모습을 유지하는 노력이 필요하다. 심리학자들은 이를 '자아실현'이라고 말한다. "현대인은 점점 더 연기자가 되어갈 것이다"라고 한 임마누엘 칸트의 말을 경고로 귀담아들어야 한다.

'바람길'을 내주는 조화의 미학(美學)

『장자』의 「제물론(齊物論)」의 첫 이야기는 '소리'로 시작한다. 평범한 사람들에게는 이해할 수 없는 생소한 이야기로 '사람의 소리' '땅의 소리' '하늘의 소리'가 등장한다. 깊이 새겨보아야 그 소리가 들린다.

남곽자기(南郭子綦)가 마치 죽은 이처럼 나무에 기대어 있는 걸 보고 안성자유(顔成子游)가 "형체가 말라비틀어진 나무 같고, 타고 남은 재와 같다. 어제 알던 그 남곽자기가 아닌 죽은 자와 같다"라고 말했다. 그러자 남곽자기가 "오상아(吾喪我)!"라고 말한다. 지금까지 알고 있던 남곽자기는 죽고, 한 번도 본 적 없는 낯선 남곽자기가 앉아 있다는 걸 알린 것이다. 그러고는 안성자유에게 사람의 피리 소리를 들어보았는지, 땅의 피리 소리를 들어보았는지, 하늘의 피리 소리를 들어보았는지 묻는다.

여기에서 '피리 소리'는 바람 소리를 말한다. 바람 소리면 바람 소리지 남곽자기는 왜 사람·땅·하늘의 소리로 나누었을까. 나[我]로서 듣는 바람 소리가 아니라 나[吾]로 듣는 바람 소리를 말하고 있다. 나[我]는 형상으로 보는 낱낱의 세상 소리만 들을 수 있으며 나[吾]는 이 낱낱의 소리를 하나의 그릇에 담은 조화(調和)를 들을 수 있다. 남곽자기는 나[我]를 죽이고(喪) 나[吾]로 변화했기에 소리의 분별에서 벗어나 '조화'로 들은 것이다.

일본 오키나와에 가면 건축물에 '하나블록(花-Block)'이라는 구멍이 숭숭 뚫린 특이한 구조물을 볼 수 있다. 담에 설치해 놓기도 하고, 건물에 설치해 놓기도 한다. 바람구멍이다. 오키나와에는 바람이 세기로 유명하다. 그 바람이 인위적으로 건설한 건축물에 방해받지 않고 제 길 따라 지나가도록 그렇게 구멍 뚫린 구조물을 설치했다. 건축공학(과학)으로 보면 바람의 저항을 줄여 건물을 안전하게 하는 것이며 생태환경(자연)으로 보면 바람길을 터주어 함께 살아가는 '조화의 미학'을 보여주는 구조물이다. 이렇게 하지 않아도 현대 건축공학으로 얼마든지 바람의 저항을 줄이는 훌륭한 건축물을 만들 수 있을 텐데 오키나와 사람들은 굳이 왜 이런 '아날로그 방식'으로 처리할까.

사람이 사는 세상은 어디에 가든지 시끄럽다. 다양한 문화와 문명으로 편리하게 살려고 연구한 물질들이 조화를 이루지 못하고 서로 충돌하기에 그렇다. 이런 문화와 문명에 길들어진 사람들은 서로 자기 길을 가려고 온갖 힘과 권위로 다른 사람들의 길과 충돌한다. 비뚤어진 문화와 문명에 길들어진 사람들은 이기는 자만이 세상의 주인이 된다고 믿는다. 그리하여 서로 길을 내주지 않으려고 싸우며, 이런 저항을 뚫고라도 기어이 자기 길을 만들려고 생사를 걸고 싸운다.

오키나와의 '하나블록(花-Block)'이 그래서 신기하다. 건물의 아름다움과 실용성과도 무관하게 구멍 뚫린 벽을 설치하는 이유가 무엇일까. 자연 속에 무단(?)으로 설치하는 건축물이 바람(자연)의 눈에는 침입자다. 그래서 본래 존재하는 그 바람이 가는 길을 터주는 아량을 보이는 것이다. 어떻게 보면 원시적 발상일 수도 있지만, 인간과 자연이 조화를 이루고자 하는 아름다운 양보의 미덕을 표현한 것이다. 이런 사회에 사는 사람들은 서로 자기 길을 가려고 상대방의 길을 막거나 부수지 않을 것이다.

오키나와의 '하나블록(花-Block)'처럼 서로서로 '바람길'을 내주는 양보와 조화의 미덕을 보여야 한다. 더디지만 이것이 더 아름다운 세상으로 가는 지름길이다.

책에서 길을 찾자

"가을은 독서의 계절이다"라고 하던 때가 있었다. '있었다'라고 쓸 정도로 이제 이 말은 빛바랜 역사 속 어느 때의 골동품처럼 되어 버렸다. 당시에는 교육 당국에서도 학생들의 가슴에 리본을 달고 다니게 했을 정도로 독서 운동에 적극적이었다. 물론 그때나 지금이나 사람들이 책을 잘 안 읽는 건 마찬가지다. 하나 마나 하게 사람들이 진저리나게 책을 읽지 않으니까 아예 포기해 버린 모양이다. 한때 지나간 이야기지만 '가을'을 빙자하여 책을 읽도록 권장한 일은 참 잘했다. 책을 읽으면 어떻게 변한다는 걸 가을이라는 계절에 빗대어 본 것만은 훌륭했다. 가을엔 붉게 단풍이 들고 스산하게 나뭇잎이 떨어지며 하늘이 유난히 맑고 파랗다. 거기에다 수확의 계절이라 마음이 풍요롭다. 이런 계절엔 사람들에게 마음의 여백을 가지고 자연을 음미하는 여유로움이 만들어진다. 이럴 때 책을 읽으면 절로 깊은 감동에 빠질 수가 있다. 아마도 그래서 가을은 독서의 계절이라고 하지 않았을까. 비록 그렇게라도 하여 책을 읽도록 권장하였지만, 지금은 그런 충고나 권장도 하지 않는 삭막한 사회가 되어 버렸다.

전기 작가로 유명한 소설가 슈테판 츠바이크(Stefan Zweig, 1881~1942)는 『모든 운동은 책에 기초한다』(오지원 옮김, 유유, 2019)라는 자신의 저서에서 인류의 발전 동력을 '바퀴'와 '글자' 두 가지로 보았다. 바퀴가 우리의 생활의 이동 수단을 만들었고 물질의 생산을 혁신시켰으며, 글자는 인간의 사유를 기록하고 전달하여 새로운 학문과 문명을 창출했다고 설명한다. 물론 인류 발전에는 이외 여러 가지 요인이 있을 것이나, 그의 이 말에 공감하지 않은 사람은 드물 것이다. 또한 책 읽는 행위를 "마치 우리가 호흡할 때마다 산소를 들이마시지만 눈에 보이지 않는 그 공급으로 혈액이 비밀스러운 화학작용을 해서 원기를 회복한다는 것을 전혀 자각하지 못하는 것처럼, 책을 읽는 눈으로 끊임없이 영적 재료를 받아들이지만 그것으로 우리 정신이 새 힘을 얻거나 혹은 지치거나 한다는 사실은 의식하지 못한다"(같은 책 p.12-13)라는 말로 그 중요성을 피력한다.

수사학으로 유명한 프랑스 소설가 파스칼 키냐르(Pascal Quignard, 1948~)는 그의 소설 『떠도는 그림자들』(송의경 옮김, 문학과지성사, 2003)에서 "독서에는 도착하지 않기를 바라는 기대가 담겨 있다. 책을 읽는다는 것은 떠돌아다니는 것이다. 독서는 방황이다"(p.61)라고 말했다. 이는 인간의 삶에서 무한한 희망과 가치를 독서에서 찾으라는 의미를, 책 속에는 우리가 살아가면서 떠돌며 얻는 모든 경험과 체험이 있다는 걸 전하는 말이다. 또 다른 그의 저서 『파스칼 키냐르의 수사학』(백선희 옮김, 을유문화사, 2023)에서는 "낱말을 고르는 일은 선택과 선출로 이루어진다. 작가란 제 언어를 선택하고, 그 언어에 지배당하지 않는 자다. 그는 어린아이와 정반대다. 자신을 지배하는 것에 구걸하지 않고, 그것에서 해방되려고 힘쓴다"(같은 책 p.19)라고 말한다. 이 말은 그 어떤 문학작품이든 책이든 작가는 자신의 사유를 전달하기 위하여 이 같은 경건한 신념으로 저술하며, 독자는 독서를 통해 스스로 체험하지 못한 경험을 이런 작가의 사유(思惟) 창을 통해 간접 체험하게 된다.

이처럼 독서는 우리 삶에 중요한 힘을 전해 주는 행위다. 그러함에도 사람들은 책을 잘 읽으려 하지 않는다. 왜 그럴까. 재미가 없거나 독서가 중요하다는 사실을 알려고 하지 않기 때문일 것이다. 독서를 '공부'라고 인지시킨 학교와 가정 교육에도 문제가 있다. 독서는 공부가 아니다. 우리가 여행하고 영화를 보고 음악을 듣는 것처럼 그런 일상의 하나다. 몸이 불편하거나 특별한 경우가 아니면 평생 먹는 끼니를 지겹다고 여기며 안 먹는 사람은 없다. 우리 몸을 유지하고 건강하게 지내는 건 그렇게 아무런 의미를 부여하지 않고 하루 세 끼를 먹는 끼니에 있다. 독서도 한 끼 식사처럼, 당장은 어떤 변화를 느끼지 못하나 그것이 모여 우리의 정신을 건강하게 만들어 준다. 올가을에는 우리 모두 꼭 훌륭한 책 한 권 읽으며 보내자.

침묵이 외치는 소리

　중국 춘추전국 시대에 등장한 제자백가(諸子百家) 가운데 명가(名家)가 있다. "흰말[白馬]은 말[馬]이 아니다"라며 백마비마론(白馬非馬論)을 주창한 공손룡(公孫龍)과 장자의 견백론(堅白論)에 등장하는 장자의 친구 혜시(惠施)가 명가의 대표 인물이다.

　이들은 아테네 학파의 한 줄기인 소피스트처럼 궤변론자(詭辯論者)로 불리기도 한다. '名家(명가)'라는 이름에서 보듯이 이들은 인간이 사물에 이름과 개념을 부여한 순간 그 사물의 본래 모습이 사라졌다고 보았다. 그러하므로 허상인 그 이름을 버림으로써 사물의 본래 모습(진리)을 추구하려 했다. 명목(名目)과 실제(實際)가 일치해야 함을 주장한 학파다.

　『장자』「천하편」에 '역물10사(歷物十事)'로 불리는 10개의 명제가 있는데, 그 네 번째에 '해는 중천에 떠오르면서 기울기 시작하고, 사물은 태어남과 동시에 죽어간다'라는 말이 있다.

정점에서 이글거리는 태양의 진면목은 기우는 모습이며, 막 세상에 태어난 사물에는 생멸(生滅)이 함께 담겼다. 이 명제의 비어 있는 자리에서 들리는, 즉 침묵이 만드는 문장을 읽을 수 있다면 지혜의 눈을 뜬다는 걸 일러준다.

최근에 훌륭한 책 한 권을 읽었다. 『사물의 뒷모습』(안규철, 현대문학, 2021)이다. 저자 안규철은 미술작가로 '사물의 통역사'라고도 불릴 정도로 사물이 외치는 소리를 시각 언어로 보여준다. 한국예술종합학교 미술원 교수를 역임한 그는 주로 일상과 사물을 고찰하고 그 행간에 있는 빈자리에서 살아 움직이는 사물을 그려낸다.

이 책은 2021년 부산에서 개최한 안규철 개인전 「사물의 뒷모습」을 언어로 그린 그림이다. 이 책에 실린 작품 「씨줄과 날줄」에서 작가는 "내가 하는 말과 그 말들 사이의 침묵이 하나의 문장을 만든다. 내가 하는 말과 행동이 씨줄과 날줄이 되어 나를 직조한다"(p.173)라고 말한다.

'침묵이 만드는 문장'에는 어떤 내용이 담길까. 이 책 19쪽에 실린 「그릇들」에 그 해답을 담았다. 그릇은 음식물 또는 다른 어떤 물질을 담기 위해 만든다. 음식물이나 물질을 담지 않으면 그릇의 속은 비어 있다. 아무것도 담지 않은 이 그릇의 비어 있는 공간에는 과연 아무것도 담겨 있지 않은 걸까.

작가는 여기에 담긴 보이지 않은 소리를 찾아냈다. 물질을 담으려고 이 그릇을 만든 사람은 당초 그릇에 소리를 담지 않았다. 그런데 그 그릇에 소리가 담겨 있다. 누가 그 소리를 담은건가? 우리가 모르는, 한 번도 그런 생각을 해보지 않은 그 비어 있는 공간에 아름다운 소리가 있었다. 그릇의 빈 곳에 감추어진 소리가 아름다운 음악을 만든다.

우연의 일치일까? 프랑스의 대표적인 설치 미술가 크리스티앙 볼탕스키(Christian Boltanski, 1944-2021)가 2021년 부산에서 개최한 안규철 개인전 「사물의 뒷모습」을 전시하던 그해 10월에 전남 광주에서 「크리스티앙 볼탕스키: 4.4전」을 개최했다.

크리스티앙 볼탕스키는 주로 용도 폐기된 사물을 오브제로 작품을 설치한다. 입고 버린 헌 옷을 모아 무덤을 만든다든지 이 옷들을 벽에 주렁주렁 매달아서 낯선 작품을 만든다. 오브제로 이용한 이 버려진 헌 옷은 각기 다른 주인이 입고 자신을 뽐내며 '이미지'로 이름값을 했으나 주인이 빠져나간 그 옷은 이제 쓰레기로 용도 폐기되었다. 그 버려진 이 옷 속, 주인이 빠져나간 눈에 보이지 않은 그 공간에는 옷 주인이 입고 다니며 했던 행위들이 담겨 있다. 이 옷들을 모아 설치한 작품은 우리가 사는 사회를 그대로 옮겨놓은 것이다. 이 작품을 보고 있으면 비어 있는 공간에서 침묵으로 외치는 세상의 소리가 들린다.

'4.4'라는 숫자가 들어간 크리트티앙 볼탕스키의 광주 개인전 제목이 참 흥미롭다. 맨 앞에 있는 4는 그가 태어난 1944년을 상징한다. 가운데 마침표 점(.)은 그의 마지막 생(生)을 알리는 종결이다. 끝에 있는 4는 생로병사(生老病死)의 네 요소 가운데 죽음[死]을 말하는 4자다. 정말 희한한 일이 일어났다. 크리스티앙 볼탕스키가 이 전시회를 준비하던 중에 정말로 세상을 떠났다. 생전에 보여주려고 준비하던 이 전시회가 그의 마지막 유고전이 되었다. 이런 일연의 상황이 정말 우연히 일어난 일일까. 아니면 이들 사이에 이어진 비어 있는 공간에 씨줄과 날줄이 운명처럼 연결되어 하나의 덩이, 하나의 세상을 만든 것일까.

오래전에 인물화로 유명한 화가 강형구 화백이 나의 옆모습을 상징하는 캐리커처를 그려주셨다. 이 그림을 받고 난처한 표정을 감추느라 잠시 곤혹스러웠다. 전혀 나와 닮지 않은 낯선 인물이었기 때문이다. 정이 붙지 않아 액자로 보관하다가 지인들에게 그 캐리커처를 보여주었더니 나와 빼닮았다는 게 아닌가. 나는 얼른 거울에 내 옆얼굴을 비춰보았다. 정말로 나를 닮았다. 내게 낯선 내 얼굴이라니. 평소 앞모습만 바라보며 옆모습을 소홀히 했던 게 미안했다.

내가 없는 비어 있는 나의 공간에서 엉뚱한 침묵의 목소리가 세상에 내던져지지 않게 내 옆과 뒷모습을 소홀히 하지 말아야 한다.

나무에서 아름다운 질서를 배우자

 우리 고유 명절 한가위가 지났다. 이번 한가위에는 연휴 기간이 길어서 고향 가는 길이 좀 수월하겠다 싶었는데 다녀오신 분들의 이야기를 들어보면 예년과 다르지 않게 여전히 고생했다고 한다. 고향 가는 길이 힘들어도 사람들은 매년 명절이 되면 이렇게 자기 고향 집을 찾는다. 정다운 부모와 형제를 만나고 조상을 섬기기 위해서다. 이 명절 귀향길 모습에서 사람과 사람 사이를 잇는 인정(人情)을 본다. 힘들여 고향 가는 분들에게는 좀 미안한 말이지만, 고향 가는 길이 많이 밀릴수록 우리 사회는 어른을 섬기고 가족을 소중하게 여기는 인정 넘치는 아름다운 문화가 이어진다. 명절날 고향 가는 길이 한산해지면 그 사회는 인정이 메말라 삭막해진다.

 예부터 가화만사성(家和萬事成)이라 하여 가족(家)의 화목(和)을 모든 일을 이루는 으뜸으로 삼았다. 和(화)를 파자하면 '禾(벼 화)'와 '口(입 구)' 자로 나뉜다. 따라서 '가화(家和)'는 가족이 모이고 먹을 것이 풍요하다는 의미고, 그래야 만사가 잘 이루어진다. 수확의 계절에 조상을 섬기는 한가위가 있고, 멀리서 가까이에서 이날 가족이 모두 한자리에 모이는 건 이런 깊은 의미를 실천하는 일이다. 나라를 뜻하는 '국가(國家)'는 여러 가족이 모여 이루어진 상위 단위다. 국가가 있어서 가족이 생긴 게 아니라 완성된 가족이 모여서 국가를 이룬다. 國家(국가)란 가화만사성이 이룬 결과다. 국가가 국민을 위하고, 국민으로 이루어지는 가정을 보호하고 보살피는 일은 그것이 국가의 근본이기 때문이다. 이게 우리가 희망하는 국가의 바른 모습이다.

추석 차례상이나 제사상에 올리는 흰색, 갈색, 초록색 채소로 마련한 삼색(三色)나물에는 깊은 의미가 담겼다. 흰색은 주로 도라지(뿌리)로, 갈색은 고사리(줄기)로, 초록색은 시금치(잎)로 올린다. 뿌리는 조상을, 줄기는 부모를, 잎은 자손을 상징한다. 한 가족을 이루는 모습을 우리 조상들은 이 삼색나물로 표현했다. 그래서 차례상에 맨 앞줄에는 수확을 상징하는 각종 과일을 배치하고, 제2열에 삼색나물을 올린다. 家和(가화)를 이루는 모습이다.

가족을 상징하는 이 삼색나물은 '나무'와 많이 닮았다. 어찌 보면 나무 한 그루를 그대로 옮겨놓은 듯 보인다. 그래서 이 삼색나물은 가족을 상징할 뿐만 아니라 사회를 이루는 질서까지 완성하게 한다. 잘 자란 한 그루 나무와 같은 가정이 모여야 튼튼한 국가를 이룬다. 국가를 이루는 이 가정들이 가화만사성을 이루지 못하면 당연히 사회 질서가 무너지며 국가도 평안해질 리 없다. 튼튼한 나무처럼 그렇게 질서를 이루면 우리가 사는 사회는 풍요와 평화가 함께 이루어진다.

 김수환 추기경께서 추천한 『나는 나무처럼 살고 싶다』(우종영, 메이븐, 2021)에서 저자는 "이 땅의 모든 생명체와 더불어 살아가려는 그 마음 씀씀이에서 내가 정말 알아야 할 삶의 가치들을 배운 것이다."(같은 책 p.9)라고 말한다. 나무는 그렇게 주어진 자신의 가치를 잘 실천하고 더불어 살아가려는 덕목을 지녔다. 또한 이러한 나무의 아름다운 질서를 수필가 이양하 선생은 수필 「나무」로 우리에게 전한다.

 '나무는 덕을 지녔다. 나무는 주어진 분수에 만족할 줄을 안다. 나무로 태어난 것을 탓하지 아니하고, 왜 여기 놓이고 저기 놓이지 않았는가를 탓하지 아니한다. 골짜기에 내려서면 물이 좋을까 하여, 새로운 자리를 엿보는 일도 없다. 물과 흙과 태양의 아들로, 물과 흙과 태양이 주는 대로 받고, 득박(得

薄)과 불만족을 말하지 아니한다. 이웃 친구의 처지에 눈떠 보는 일도 없다. 소나무는 소나무대로 스스로 족하고, 진달래는 진달래대로 스스로 족하다.'(이양하 수필「나무」중에서)

 나무에서 질서를 배우자. 나무는 나의 모습이며, 숲은 나의 가족이다. 이 숲들이 모여 우리가 사는 아름답고 향기로운 세상을 만든다. 나무를 알면 내가 보이고, 우리가 사는 세상이 보인다.

톨스토이가 본 달걀만 한 호밀 씨앗

 러시아의 대문호 레프 니콜라예비치 톨스토이(1828~1910)는 「전쟁과 평화」「안나 카레니나」「부활」등 장편소설을 쓴 작가로 우리에게 잘 알려져 있으나 훌륭한 중단편 소설도 많이 발표했다. 또한 그는 문학가로 더 알려졌지만, 종교와 불합리한 사회제도를 개혁하려 한 사상가이기도 했다. 특히 세계명작 반열에 오른 「부활」은 그가 러시아 정교회와 교리를 달리하는 두호보르파 교도들을 캐나다 등지로 탈출시키기 위한 자금을 마련하려고 집필했다. 이러한 활동으로 그는 러시아 정교회로부터 파문당하기도 한다.

 톨스토이의 사회 개혁 사상이 잘 반영된 작품으로 단편소설 「사람에게는 얼마나 많은 땅이 필요한가」와 「달걀만 한 씨앗」이 있다. 이 두 작품은 21세기를 맞은 오늘날 우리가 사는 세상이 그렇게 변할 거라는 걸 예견한 듯 경고한다.

 땅과 집 문제는 현대 사회에서 행복과 안정을 위해 절실하게 해결해야 할 과제며 정치 사회 분야에서도 가장 뜨겁게 다투는 문제다. 개인의 욕망과 공동 사회의 평화가 충돌하면서 일어나는 현상으로 정책 결정자들에게는 가장 다루기 어려운 문제 가운데 하나다. 단편소설 「사람에게는 얼마나 많은 땅이 필요한가」는 땅에 대한 소중함과 욕망으로 더 너른 땅을 갖기를 원하는 주인공 파홈이 원하는 대로 땅을 가질 수 있는 바시키르 사람들이 사는 곳으로 간다. 하루 동안 걸어간 만큼의 땅을 가질 수 있다는 말에 그는 먹지도 않고 쉬지 않으며 더 멀리 더 넓은 땅을 갖기 위해 죽어라 뛴다. 해가 질 무렵 기진맥진하여 출발점까지 온 그는 그 자리에 쓰러져 죽고 만다. 그가 하루 종일 뛰어서 만들어 놓은 땅은 물거품으로 날아가 버렸다. 그가 목숨을 걸고 넓은 땅을 가지려 뛰었으나 그가 차지한 건 고작 자신이 묻힐 머리끝에서 발끝까지 길이의 땅뿐이다.

단편소설 「달걀만 한 씨앗」 역시 넘치는 욕망 때문에 자신이 망가지는 현대인의 세태를 그렸다. 어느 마을에서 시골 아이들이 달걀만 한 씨앗을 가지고 노는 것을 본 지나가던 사람이 돈을 주고 그 씨앗을 가지고 왔다. 너무 귀한 물건 같아 보여 그는 그 씨앗을 황제에게 바쳤다. 황제는 씨앗처럼 새긴 이 물건의 정체가 궁금하여 신하와 학자들을 동원해서 살폈으나 아무도 이 씨앗의 정체를 알지 못한다. 궁리한 끝에 늙은 농부 한 사람을 데려왔다.

그 농부는 이가 다 빠지고 얼굴이 쪼그라들었으며 두 개의 지팡이에 겨우 몸을 의지한 채 궁궐에 들어왔다. 그는 이상하게 생긴 씨앗을 이리저리 살폈다. 시력이 나빠 손으로 더듬으며 겨우 씨앗을 살핀 뒤, 그는 이런 씨앗은 심은 적도 없으며 산 적도 없다 하고 말했다. 허탈해 하는 황제에게 농부는 혹시 자기 아버지가 알지도 모르겠다며 혼잣말처럼 중얼거렸다.

이번에는 농부의 아버지가 궁으로 불려 왔다. 농부의 아버지 역시 얼굴이 쭈그러들었으나 아들과는 달리 지팡이를 하나만 짚고 다녔다. 농부의 아버지도 아들과 마찬가지로 이런 씨앗은 본 적도 없다고 했다. 자기가 일하던 그때는 농사지어 서로 나누어 먹어서 돈이 필요 없었으며 씨앗을 사 농사짓지도 않았다고 했다. 아들 농부가 그랬듯이 그도 혹시 자기 아버지가 알지도 모른다고 했다.

바통 받기 하듯 이번에는 농부의 할아버지가 불려 왔다. 농부의 할아버지는 아들과 손자와 달리 지팡이를 짚지 않고 두 발로 씩씩하게 궁에 들어왔다. 달걀만 한 씨앗을 보자 농부의 할아버지는 대번에 호밀 씨앗이라고 했다. 자기가 농사짓던 그때 씨앗과 똑같다고 했다. 기쁜 표정을 지은 황제는 '그때'가 언제며 '어디'에서 농사를 지었느냐고 다그쳤다. 농부의 할아버지는 자기가 농사지을 때는 어디에서든 이런 곡식이 자랐다고 했다.

"저의 밭은 하느님의 땅이었고 어디에서든 쟁기질만 하면 그곳이 저의 밭이었습니다. 농사짓는 밭이 되었지만 제 소유의 땅은 아니었습니다."

의문이 해결되자 그의 외모에 흥미를 느낀 황제가 그에게 물었다.

"그대의 아들은 지팡이를 하나 짚고 왔으며 손자는 지팡이 두 개를 짚고 왔는데 늙은 그대는 어찌 그리 건강한가?"

농부의 할아버지는 머뭇거리지도 않고 대답했다. 세상 사람들이 일하면서 자신의 힘으로 살아가지 않고 남의 걸 넘보며 살기 때문이라고 한 것이다.

"옛날 사람들은 그렇게 살지 않았습니다. 자기 것에 만족하고 남의 걸 탐내지 않았습니다."

톨스토이의 이 두 작품을 읽다 보면 우리는 익숙한 모습을 그리게 된다. 눈만 뜨면 집값과 전세 가격이 어떻게 변동했는지 사람들은 온통 뉴스에 신경을 모은다. 서로 잘 살겠다고 다투며, 일하지 않고 잘 사는 방법을 연구하느라 몸이 늙어가고 병이 든다. 문명은 화려하게 변했는데 정작 그 문명을 사람들은 건실하게 누리지 못한다. 톨스토이가 이런 작품을 세상에 내놓은 건 그가 살던 그때 사람들 역시 그러했던 모양이다. 변하지 않은 인간의 욕망과는 달리 달걀만 했던 그때의 호밀 씨앗은 조그맣게 줄어들었다. 이것이 우리의 미래 모습이다.

---

* 『사람은 무엇으로 사는가』(톨스토이, 장영재 옮김. 더클래식, 2023)에 수록된 단편소설 「사람에게는 얼마나 많은 땅이 필요한가」와 「달걀만 한 씨앗」을 발췌 참고하였음.

청백리 최부(崔溥)와 송흠(宋欽)

 청백리(淸白吏)는 고려와 조선 시대에 청렴하고 결백한 모범 관리에게 수여하던 명칭이다. 예사로이 받을 수 있는 게 아니라 엄격한 절차를 거쳐 이 이름을 내린다. 큰 잘못을 저지르고도 그게 잘못인 줄 모르는 사람이 세상을 지배하고, 그런 사람 또는 그런 일을 알고도 후환을 두려워하거나 작은 이익을 취하려거나 인정에 얽매여 모르는 척 넘기려는 사람이 많으면 세상은 『수호지』에 나오는 복마전(伏魔殿)으로 변한다. 우주선이 달나라에 가는 세상에 어울리지도 않게 느닷없이 옛 시절의 청백리 이야기를 꺼내는 사정은 혹여 우리가 사는 지금 이 세상이 그러하다면 이 이야기가 채찍이 될 수 있을 거라는 가당찮은 소망을 가져서다.

 청백리 가운데 오늘날까지 가장 많이 회자하는 분 가운데 조선 시대 관료 최부(崔溥, 1454~1504))와 송흠(宋欽,

1459~1547))이 있다. 최부는 전라남도 나주, 송흠은 전라남도 장성 사람이다. 나이가 다섯 살 더 많은 최부가 먼저 벼슬에 나가 품계도 송흠보다 훨씬 높다. 두 사람 사이에 있은 일화가 오늘날까지 우리에게 귀감을 주며 전한다.

전라남도 장성군 삼계면에 가면 관수정(觀水亭)이 있다. 송흠이 말년에 지은 정자로 맑은 물을 보며 마음을 씻는다는 뜻을 담은 정자 이름에 걸맞게 그는 청백리로 이름을 떨쳐 삼마태수(三馬太守)라 불리기도 한다. 당시 지방관으로 임명되어 새 부임지로 갈 때는 전임 고을에서 가장 좋은 말 일곱 마리를 받는 것이 관례였으나 그는 본인과 어머니와 아내가 탈 세 마리의 말만 받았다. 효자였던 그는 101세까지 산 어머니를 늘 모시고 함께 살았다. 이렇게 철저하게 나라의 예산을 절약한 훌륭한 관리였다.

최부는 1487년 성종대에 종 5품에 오르며 그해 9월 제주 추쇄경차관으로 임명되어 제주도에 부임했다. 추쇄경차관 벼슬은 도망간 노비를 색출하여 노비안을 작성하고, 군역을 회피하거나 죄를 짓고 도망간 유민을 찾아 원적으로 보내고, 목장 사정을 조사하여 나라에서 사용할 말을 잘 기르는지 살피는 일을 한다. 제주도를 관할하는 정2품 관료 목사가 있으나 추쇄경차관은 임시 관직이지만 임금에게 직접 보고하고 명령을 받는 막강한 위치의 벼슬이다.

  추쇄경차관으로 석 달째 근무하던 중 최부는 1488년 윤정월 부친상을 당해 배를 타고 고향으로 돌아가다가 추자도 근처에서 풍랑을 만나 표류했다. 생사를 넘나들다가 중국 절강성에 표착, 우여곡절 끝에 북경을 거쳐 한양 청파역까지 6개월여나 걸려 먼 길을 돌아 아전부터 관노까지 일행 43명 모두 살아서 돌아온 뒤 『표해록』이라는 귀한 기록을 남겼다. 그는 사헌부·사간원·홍문관 등 요직 삼사를 거치면서 『동국통감』『동국여지승람』에 참여하는 등 훌륭한 업적을 남긴 관리였으나 연산군 시절에 훈구대신들의 비리를 밝혀 질타하고 연산군의 폭정을 막기 위해 직언하다가 무오사화 때 연루되어 6년간 함경도 단천에서 유배 생활한다. 최부를 살려두고는 두 발 뻗고 잘 수 없던 연산군이 갑자사화 때 그를 한양으로 소환하여 기어이 참형에 처했다.

  이 두 사람 사이의 일화는 이렇다. 성종 말년에 최부와 송흠 두 사람은 홍문관에서 함께 일했다. 당시 직급은 최부가 응교(정4품)였고 송흠은 정자(정9품)였다. 두 사람은 동향이라 평소 가깝게 지냈다. 그러다 두 사람이 동시에 휴가를 얻어 고향으로 갔다. 어느 날 장성 집에 머물던 송흠이 나주에 있는 최부를 찾아갔다. 함께 식사하고 나서 최부가 송흠에게 무슨 말을 타고 왔느냐고 물었고 송흠은 역마를 타고 왔다고 말했다. 그러자 최부는 그 역마는 한양에서 고향 집에 올 때까지만 타야 하는데 사사로이 이곳까지 타고 온 것은 관리로서 잘못한 일이라며 크게 꾸짖었다. 당황한 나머지 송흠은 집으로 돌아갈 때 말을 타지 않고 끌고 갔다고 한다. 이것으로 끝난 게 아니었다. 휴가를 마치고 홍문관으로 복귀한 최부는 송흠이 역마를 사적으로 이용한 사실을 감사과에 통보했고, 이 일로 송흠은 파직당하였다. 관직에서 물러나던 날 인사차 찾아온 송흠에게 최부는 따뜻하게 충고의 말을 전했다. 아직 젊으니 오늘 일을 잊지 말고 조심하여 나라에 큰 기둥이 되라고 했다. 송흠은 최부를 원망한 게 아니라 훌륭한 선배로 그의 강직함과 청백함을 귀감으로 삼아 뒤에 전라도 관찰사를 거쳐 86세에 병조판서에 오른다. 왜구가 창궐하던 때 낙향하여 지낼 때도 그는 상소를 올려 판옥선을 만들어 왜구를 물리치게 하는 등 나라에 큰일을 한다. 그의 호가 지지당(知止堂)이다. '멈추는 것을 안다'는 의미로 노자 『도덕경』 제44장에 나오는 '만족함을 알면 욕되지 않고, 멈출 줄 알면 위태롭지 않다(知足不辱 知止不殆)'는 말에서 따왔다.

이런 두 사람 사이에 끝까지 우정과 존경심을 보여준 일화 하나를 더 소개한다. 최부가 1498년 무오사화 때 단천으로 유배갔다가 6년 뒤에 일어난 갑자사회 때 한양으로 압송되어 올 때 송흠이 길에서 그를 만났다. 죽음이 기다린다는 걸 두 사람 모두 알고 있었다. 속내를 감추고 송흠이 조심스레 "불행한 일이 있을지 모르는데 혹여 남은 근심거리가 있으신지요?" 하고 사후에 그를 도울 일이 있을지 물었다. 그러자 최부가 "무엇이 두렵겠는가. 다만 무안에 부모님 산소가 있는데 아직 석물을 세우지 못했고, 막내딸 혼사를 이뤄주지 못한 게 한일세" 하고 말했다. 송흠은 돌아서는 최부에게 "제가 마땅히 이 일들을 주선하겠습니다" 하며 흐르는 눈물을 닦았다.

훗날 송흠이 전라도 관찰사로 부임했을 때 최부와 한 이 약속을 지켰다. 그의 부모 묘소에 석물을 세우고, 그의 막내딸을 응교 김자수(金自修)의 아들과 혼인을 주선해 주었다. 1504년 갑자사화로 죽음을 맞은 최부와의 약속을 30년 후에 지킨 것이다.

실패와 방황이 성공에
이르게 하는 힘이다

살아가면서 우리는 수많은 실패와 방황을 하게 된다. 실패를 두려워하고 방황을 피하면 우리는 온전한 성공에 이르기 어렵다. 세상에는 편하게 가는 길도 있지만 이처럼 실패와 방황을 통해서 가는 길도 있기 때문이다. 내가 지금 가는 이 길, 힘들고 어렵더라도 그 길이 내 길이라고 믿고 받아들일 때 그곳에 성공의 열쇠가 보인다.

자크 라캉의 『욕망 이론』(자크 라캉, 문예출판사, 1994)에 보면 "인간의 언어는 무의식의 정신세계를 반영한다"라고 한다. 언어는 내가 생각하고 표현하고자 하는 걸 상대에게 그려 보이는 것이다. 그게 세상에 존재하는 것이든 아니든 상대가 그걸 이해하게 전달하는 게 '언어'의 목표다. 우리는 언어를 말과 글이라고만 알고 있으나 말과 글 외에 몸짓 표현 또는 침묵까지도 언어의 세계다.

자크 라캉의 『욕망 이론』에 의하면 보는 것과 보이는 것, 또는 실존하는 것 사이에서 우리의 시선은 여러 부분으로 나뉘고, 이것을 변증법으로 총화하여 실제 보이는 걸 인식한다. 보기만 하는 단계를 시선(視線), 보여지는 걸 응시(凝視)라고 한다. 보기만 하는 단계를 '상상계', 보여짐을 아는 단계를 '상징계', 이처럼 보고 보이는 대상을 정반합으로 연결한 게 '실재계'라고 한다. 참 난해하고 이해하기 어렵다. 그런데 이 책을 읽다가 보면 자신도 모르게 자크 라캉의 이론에 빨려 들어간다. 그런 것 같기도 하고 그렇지 않은 것 같기도 한 애매모호하게 개념 정리가 되지 않은 상태로 계속 따라가며 읽게 된다. 왜 그럴까. 어딘가에서 실제 한 번쯤 경험하고 체험한 듯한 기시감(既視感)이 그렇게 발목을 잡는다.

문학 창작이 그러한 체험의 세계를 관통하고 있다. 무의식이나 상상의 세계, 또는 낯섦에서 바라본 경이(驚異)를 작가는 현실 속 언어와 행동 양상을 통해 작품을 그린다. 독자는 이 작품을 읽고 작가가 그리는 그러한 낯섦을 간접체험하게 된다. 어려운 철학이나 심리학 이론에 대한 체험이 없더라도 우리는 현실에서 실재하는 듯 그러한 사실들을 간접으로 경험하고 체험하는 것이다. 문학 작품은 이렇듯 우리를 낯선 세계로 안내한다.

소설가를 꿈꾸며 방황하던 20대 문청 시절에 일본 작가 나쓰메 소세키의 장편소설『산시로』를 읽고 그러한 경이를 체험했다. 청계천 헌책방에서 산 이 소설의 첫 문장을 읽고는 눈을 뗄 수가 없어서 버스 정류장에 앉아서 다 읽고 어두운 밤이 되어서야 집으로 돌아왔다. 얼마나 시간이 흘렀는지도 모른 채 그렇게 이 작품을 앉은 자리에서 다 읽었다. 무엇이 나를 그 낯선 세계로 끌고 갔을까.

이 작품의 주인공인 구마모도 출신 촌뜨기 '산시로'가 불현듯 나로 화신(化身)했다. 시골 촌놈이 처음으로 서울에 와서 대학에 들어가 공부하는 내가 작품 속 산시로를 그대로 빼닮았다는, 데자뷔(deja vu) 현상이 내게 일어난 것이다.

작품 줄거리는 이렇다. 구마모토에서 고등학교를 졸업한 산시로가 동경대학에 합격하여 홀로 구마모토에서 기차를 타고 동경으로 가는 여정으로 이야기가 시작된다. 가는 여정에 만나는 하룻밤 풋사랑이 일어날 뻔한 낯선 시골 여자와 대학교수 출신의 남자와 또 다른 남자 등 이들과 만나면서 주고받는 이야기들(산시로는 주로 듣는 쪽이다), 그리고 동경대학에서 공부하며 만나는 여성들과 은둔 철학자 등 여러 인물들. 이야기는 매우 단순하고 특별난 것도 없는 듯 평범해 보인다. 나스메 소세키는 이 특별나지 않은 인물, 평범한 우리 가운데 한 인물에게 '산시로'라는 이름을 부여하고, 이 산시로가 평범하지 않은 낯설고 특별난 세계 속으로 진입하는 과정을 독자들에게 보여주고 있다. 수많은 시행착오와 방황을 거치면서 산시로는 한 인격체로 성장해 간다. 말하자면 한 인간의 성장소설이다. 산시로가 마주치는 낯선 세계를 작가는 수평과 수직의 기하학적 배경을 촘촘하게 엮어서 보여주는 게 이 작품의 특징이다. 이 특징이 누구에게든 기시감에 빠져들게 하는 것이다. 동경으로 가는 차 안에서 산시로는 "구마모토보다 동경이 더 크고 동경보다는 일본이 더 크며 일본보다 너의 머리가 더 크다."는 말을 듣는다. 이 소설은 1908년 지금으로부터 115년 전 메이지유신이 막 끝난 때 발표되었다. 당시 일본은 세계를 집어삼키려는 야망으로 광기에 빠져 있을 때다. 이때 비록 소설 속이긴 하지만 일본인이 일본인에게 이런 말을 했다는 게 놀랍다. 인간 한 사람 한 사람이 우주를 품고 있다는 의미를 담은 말이다. 야망에 찬 일본인들이 스스로 대단하다고 여기는 그들의 일본도 한 촌뜨기 인간의 머리보다 작다는 걸 언어에 담았다. 동경대학 캠퍼스에 있는 자그마한 연못가에 앉은 산시로는 높은 건물들을 아래에서 위로 바라보며 경이를 체험하며, 그가 첫눈에 반한 여성도 그렇게 위쪽에 있어서 위로 바라보며 시선에 담는다.

 우리는 '내'가 보는 세상이 늘 그렇게 높은 곳에 있다. 하지만 그 대상은 내 시선에 들어오는 순간 보여지는 대상으로 상징이 되며, 내가 응시하며 받아들일 때 내가 이룰 목표가 된다.

　나쓰메 소세키의 장편소설 『산시로』는 그렇게 나에게 들어와 내가 꿈꾸던 소설가로 이끌어 준 나침반이 되었다.

왜 책을 읽어야 하는가

 답을 알고 있거나 쉬 알 수 있는 내용을 새삼스러운 듯 질문하는 걸 우문(愚問)이라고 한다. "왜 책을 읽어야 하는가?" 하고 묻는 일 역시 그렇다. 책을 왜 읽어야 하는지는 모르는 사람은 거의 없다. 조리 있게 독서의 효용에 대해 자세히 설명하지 못한다고 하더라도 '책 읽는 일이 나쁘다'라고 말하는 사람은 없을 것이다. 그러함에도 새삼스럽게 책 읽자는 이야기를 내놓는 건 지금 시대가 그걸 요구하기 때문이다.

 몸이 아프면 치료를 받거나 약을 먹는다. 그것처럼 사회도 아래위 없이 뒤죽박죽 혼란하거나 예의가 바닥에 떨어지면 독서를 통해 치유해야 한다. 지금 우리는 널리 독서운동을 통해서라도 책읽는 사회를 만들어야 한다.

 얼마 전 '책에서 길을 찾자'라는 칼럼에서 소설가 슈테판 츠바이크(Stefan Zweig, 1881~1942)의 『모든 운동은 책에 기초한다』(오지원 옮김, 유유, 2019)라는 책을 소개했다. 그는 이 책에서 인류의 발전 동력을 '바퀴'와 '글자' 두 가지로 보았다. 바퀴는 우리가 누리는 문명을 발전시켰으며, 글자는 이 문명을 올바로 이용할 줄 하는 문화를 창출했다. 그래서 그는 책 읽는 행위를 "마치 우리가 호흡할 때마다 산소를 들이마시지만, 눈에 보이지 않는 그 공급으로 혈액이 비밀스러운 화학작용을 해서 원기를 회복한다는 것을 전혀 자각하지 못하는 것처럼, 책을 읽는 눈으로 끊임없이 영적 재료를 받아들이지만, 그것으로 우리 정신이 새 힘을 얻거나 혹은 지치거나 한다는 사실은 의식하지 못한다"(같은 책 pp12-13)라는 말로 독서의 중요성을 피력했다. 독서는 눈에 보이지 않지만, 자신의 삶을 건강하게 질 높게 변화시킨다. 물론 책을 읽지 않았다고 해서 당장 살 수 없는 건 아니다. 그렇게 안일하게 시간을 흘려보내는 동안 자기 자신은 물론이고 함께 사는 세상이 병들게 된다. '건강할 때 건강을 지켜라'는 말이 있다. 책을 읽어야 한다고 생각하는 건 아직 우리 사회가 건강하다는 의미도 된다. 그러하므로 우리는 이때 책을 읽어야 한다.

이렇게 훌륭한 행위인 독서를 왜 사람들은 외면할까. 책을 '공부'라고 여기기 때문이다. 물론 책을 읽으면 지식과 교양을 습득할 수 있으나 독서는 공부하는 일이 아니다. 여행을 즐기면 역사와 문화 지식을 습득하게 된다. 그렇다고 여행하는 일을 공부라고 여기는 사람은 거의 없다. 독서는 오락이다. 우리가 영화를 보고 음악을 듣고 여행하는 것처럼, 독서는 그렇게 즐거운 시간을 만드는 일이다. 그러함에도 어릴 때부터 우리는 독서를 공부라 여기게 교육받았으며 자녀에게 책을 사주면서 자기 자녀를 영재로 만든다고 생각하는 부모들도 많다. 공부를 지겨워하는 것처럼 독서를 지겨운 일로 몸에 배어 어른이 되어서 책을 가까이하지 않으려고 한다.

책읽는 즐거움을 어떻게 만들어야 하는가. 아무리 책읽는 게 즐겁다고 말해도 그 즐거움을 찾지 못하면 무슨 소용 있겠는가. 책을 많이 읽기로 유명한 어느 연예인은 "만원 내외로 일주일을 즐기는 오락이 어디 있느냐?"고 말했다. 사람마다 독서의 즐거움을 만드는 방법이 다를 것이다. 필자의 경우에는 책에서 '맥락'을 얻는 즐거움을 첫째로 삼는다. 저자가 한 권의 책을 저술하자면 수많은 자료와 수많은 시간을 들여서 독자에게 전하고자 하는 내용을 조리 있게 잘 구성하고 서술한다. 독자는 그 책을 읽으면서 내용을 잘 이해하게 하는 장치가 '맥락'이라는 걸 알게 된다. 순서가 뒤엉키거나 무슨 말인지 잘 이해하지 못하는 건 그 맥락을 찾지 못해서다. 맥락을 발견한다는 건 곧 그 책의 내용을 이해하면서 마치 잘 닦은 길을 가는 것처럼 편하게 읽힌다는 의미다. 이렇게 얻은 맥락은 우리가 살아가는 데 매우 중요하게 쓰인다. 무슨 일이든 맥락을 잃으면 일을 그르치게 된다. 우리가 달변이라고 말하는 분들을 보면 대개 이 맥락을 잘 이용하고 있다. 물론 이것은 독서를 통해 얻게 되는 부수적인 효과다. 이렇게 맥락을 얻으면서 독서를 통해 우리는 낯선 세상을 체험하고 그러는 가운데 사유의 폭이 넓혀져서 훌륭한 안목을 얻게 된다. 책은 우리에게 지식만을 전달하는 물건이 아니다. 즐겁게 여행하다 보면 세상을 널리 알게 되고 낯선 문화를 이해하고 사람을 이해하게 된다. 이처럼 독서는 우리의 삶을 윤택하게 해주는 훌륭한 '음식'이다. 한 끼 식사를 놓치지 않은 것처럼 매일 독서의 시간을 놓쳐서는 안된다.

안중근 의사가 즐겨 쓴 '一日不讀書 口中生荊棘(일일부독서 구중생형극)'이란 글이 있다. 하루라도 책을 읽지 않으면 입에 가시가 돋는다는 뜻이다. 이 말의 원전은 중국인으로 일본에 귀화한 주지유(朱之瑜, 1600~1682)의 저서 『답야절문(答野節問)』이다. 어떤 연유에서인지 도쿠가와 미쓰쿠니(德川光裏)가 그를 국빈(國賓)으로 맞아들였고, 20년 동안 일본에서 강학(講學)하다가 세상을 떠났다. 안중근 의사가 이 말을 즐겨 쓴 이유는 이러한 내력을 떠나 독서의 소중한 의미를 전하고 싶어서였을 것이다. 일본의 독서 인구는 매우 높다.

일찍이 이렇듯 독서의 중요성을 강조한 결과가 아닌가 싶어서 이 말을 언급한다.

『군주론』을 저술한 니콜로 마키아벨리는 책을 읽는 일을 이렇게 표현했다. "예절에 맞는 복장을 갖추고 나서 옛사람들이 있는 옛 궁정에 들어가는 셈이다. 그곳에서 나는 그들의 따뜻한 영접을 받고 오직 나만을 위해 차려진 음식을 맛보면서 그들과 이야기한다." 마키아벨리를 역사의 인물로 성장시킨 힘은 책이었다.

돈키호테와 견리사의(見利思義)

 안중근 의사가 즐겨 쓴 유묵 가운데 '見利思義 見危授命(견리사의 견위수명)'이 있다. 눈앞에 이로움이 생기면 그 이로움이 정의로운가를 먼저 생각하고 위태로움을 당했을 때는 목숨을 바쳐 난국을 헤쳐 나가라는 뜻이다. 공자의 『논어』에 나오는 말이며 공자께서 평생 좌우명으로 삼은 명구다. 제자 자로가 "성인(成人)이란 어떤 사람을 이르는 것입니까?" 하고 묻자, 공자께서는 "見利思義 見危授命 久要不忘 平生之言(견리사의 견위수명 구요불망 평생지언)'이다"라고 대답했다. 눈앞에 이익이 생기면 그게 정의로운지 먼저 살피고, 위기가 닥치면 목숨을 바쳐 그 위기를 타개해야 하며, 오래된 약속이라도 평소에 하는 말처럼 꼭 지킬 수 있어야 한다는 뜻이다. 이 세 가지를 할 수 있어야 비로소 성인이 된다는 뜻으로 말했다. 세월이 흘러 나이가 든다고 해서 저절로 어른이 되는 게 아니다. 공자께서 말씀한 이 세 가지 조건을 잘 새기고 실천

해야 어른다운 어른이 된다.

 세르반테스의 소설 『돈키호테』에 이런 이야기가 나온다. 산속에서 양치기하는 아름다운 여인 마르셀라가 있다. 뭇 남자들이 이 여인에게 반해 앞다투어 사귀려고 한다. 그 가운데 그리소스토모라는 양치기 남자가 이 여인을 지극히 사모하다가 뜻을 이루지 못하자 비탄에 빠져 그만 죽고 만다. 세상 남자들이 모두 이 여인을 사람의 마음을 몰라주는 냉혹한 인간이라며 비난한다. 그러자 여인이 그리소스토모의 장례식에 와서 "나를 사랑하는 남자라고 해서 반드시 내가 그를 사랑해야 하는 건 아니다" 하며 따졌다. 자기는 한 남자의 사랑에 구속되기 싫으며 오직 자신을 위해 자유롭게 살고 싶다고 말한 뒤 양들이 있는 산속으로 들어가 버렸다. 그러함에도 불구하고 남자들이 여전히 그녀의 마음을 얻으려고 뒤쫓는다.

 이를 보고 돈키호테가 으름장을 놓는다. "신분에 상관없이 그 누구도 아름다운 마르셀라를 쫓아가면 나의 진노가 있을 것이다! 그리소스토모의 죽음은 그녀와 아무 상관이 없다!" 하고 그녀를 뒤쫓는 사람들을 막는다. 돈키호테답게, 좀 우스꽝스럽기는 하나 돈키호테는 분명 자기에게 닥칠 비난과 위기를 염두에 두지 않고 오직 정의를 위해 앞장서서 문제를 타결한다.

2002년 스웨덴 작가연맹에서 전 세계 작가 100여 명에게 가장 훌륭한 소설 100편을 선정하는 설문조사를 했다. 1위가 『돈키호테』였다. 그것도 2위를 차지한 마르셀 프루스트의 『잃어버린 시간을 찾아서』보다 50% 이상 더 많은 표를 얻었다. 참고로 3위는 톨스토이의 소설 『전쟁과 평화』였다. 『돈키호테』가 그만큼 훌륭한 작품이라는 의미겠지만, 조금 다른 방향에서 생각해 볼 필요가 있다. 사람들이 '돈키호테'와 같은 인물을 그리워했기 때문이 아니었을까. 지식인보다는 지혜로운 사람이 많은 세상을 원했다. 지식으로 무장하고 미끄러질 듯 세련된 격식을 행사하는 사람보다 어리숙해 보이지만 속 깊은 인물을 더 좋아해서였을 것이다. "햄릿을 사랑하기는 어려우나, 돈키호테를 사랑하지 않는 사람은 없을 것이다"라고 말한 러시아 소설가 이반 투르게네프 말에서 엿볼 수 있듯이 사람들은 권위와 지식으로 무장한 사람보다 어리바리하지만 지혜로운 돈키호테 같은 사람을 더 좋아한다.

엉뚱하거나 괴짜 같은 행동을 하는 사람을 두고 우리는 '돈키호테 같다'라고 하는데, 이는 소설 『돈키호테』를 제대로 읽지 않아서 그렇다. 무지한 농부 출신으로 그를 수행한 산초가 점차 지혜로운 인물로 변화하는 것처럼, 돈키호테는 사람의 생각을 바꾸면서 완전히 다른 사람으로 변화시키는 지혜로운 인물이다.

과유불급(過猶不及)이라는 말이 있다. 지나치게 넘치는 건 모자람만 못하다는 뜻이다. 지금 우리 주변에 이런 사람들이 너무 많다. 지식이 넘치다 못해 날카로운 칼날처럼 모두 너무 똑똑해졌다. 너도나도 모르는 게 없는 전문가들이며 못 하는 일이 없는 듯 다방면으로 넘치는 재주를 자랑한다. 어느 행사장에서 한 문학평론가가 한 말이 떠오른다. "오늘날 우리 사회는 지식인들이 망치고 있다" 물론 모두 다 그런 건 아닐 테지만, 이 말에 버금가는 현상들을 우리는 자주 본다.

'지혜'라는 단어의 뜻을 사전에는 이렇게 설명한다. "사물의 이치를 빨리 깨닫고 사물을 정확하게 처리하는 정신적 능력이다" 문리(文理)에 밝다는 뜻이다. 또 하나의 설명은 이렇다. "하나님의 속성 가운데 하나. 히브리 사상에서는 지혜의 특성을 근면·정직·절제·순결 및 좋은 평판에 대한 관심과 같은 덕행이라고 본다" 성서에서도 지혜의 소중함을 으뜸으로 삼는다는 해석이다. 한편 철학자 소크라테스는 지혜를 이렇게 설명했다. "유일하며 진실한 지혜는 바로 당신은 아무것도 알지 못한다는 점이다" 지식은 선(善)과 악(惡)을 위해 사용될 수 있지만, 지혜는 선을 위해 이용되는 긍정적 사유로 이루어진다. 이 지혜 속에 행복과 성공의 열쇠가 있다.

돈키호테와 같은 인물, 어리숙해 보이나 세상을 품은 지혜를 가진 그런 사람이 많은 세상이 되기를 희망한다.

의사소통으로서
언어의 순기능과 역기능

　인류가 현세를 주동(主動)하는 힘은 다른 생명체와 달리 언어(language, 言語)를 사용한다는 점이다. 여러 학자가 침팬지를 비롯한 지능이 뛰어난 동물에게 인간과 함께 생활하게 하여 언어를 구사할 수 있는지를 연구하였으나 일부가 인간의 언어를 기호로 이해하기는 하나 인간처럼 자유롭게 의사를 전달할 정도의 습득은 불가능하다는 사실을 밝혔다.

　언어는 생각이나 느낌을 말 또는 글, 몸짓 등 여러 방법으로 전달하는 수단을 일컫는다. 이 언어로 비롯된 결과물이 문화(culture, 文化)다. 따라서 언어는 인류문화를 형성하는 데 중요한 역할을 한다.

　지난 11월 18일, 한국불교역사문화기념관에서 '언어, 진실을 전달하는가 왜곡하는가'를 주제로 학술연찬회가 개최되었다. 이 행사를 주관한 밝은사람들연구소 박찬욱 소장은 기자와의 인터뷰에서 "언어의 본질은 대상을 지시하거나 상징할 뿐, 대상 그 자체는 아니라는 관점에서 언어적 집착을 여의는 계기를 마련하는 취지에서 이 행사를 마련했다"라고 말했다. 주제에서 시사하듯이 언어가 진실을 전달하는지 아니면 왜곡할 수도 있는지를 살펴보는 중요한 연찬회였다. 참고로 이날 주제를 발표한 학자들의 자료는 『언어, 진실을 전달하는가 왜곡하는가』(한상희 · 김성철 · 김방룡 · 박찬국 · 권석만. 운주사, 2023)로 출간되었다.

언어가 진실이 되기 위해서는 언어를 생성하는 사람의 올바른 지식과 지혜, 더 나아가 도덕 및 역사에 대한 이해와 실천이 중요하다. 다음으로는 이 언어를 상대방에게 전달하는 수단, 즉 매체의 역할 또한 이에 못지않게 중요하다. 올바로 생성된 언어라 할지라도 전달 수단에서 왜곡하거나 오류를 범하면 전혀 다른 의미로 전달될 수도 있다. 언어의 사용에 있어서 최초 생산자의 역할도 중요하지만, 무엇보다 이 언어를 전달하는 매체가 제대로 그 기능을 하지 않으면 의사소통이 막히거나 크고 작은 오류가 발생하게 된다.

2022년 전북 정읍의 한 주차장에서 발생한 살인 사건이 한 중국인과 한국인 사이에 휴대전화 번역기 앱의 오류가 발단이었음이 밝혀졌다. 그뿐만 아니라 일간신문에서 대통령(大

統領)을 견통령(犬統領)으로 오자(誤字)를 내어 곤욕을 치른 일도 여러 차례 있었다. 이 모두 언어를 전달하는 매체의 오류에서 빚어진 사건들이다. 고의였든 우연이었든 그 결과가 최초 언어 생산자와 상대방 사이에 전혀 다른 의미로 전달되었다는 데 문제가 있다.

  필자에게도 며칠 전 매우 황당한 일이 발생했다. 서울의 한 지역 문학단체가 발행하는 연간 문예지의 요청을 받고 축사를 써주었다. 그런데 책이 발행되고 나서 '사람을 향기롭게 세상을 아름답게'라고 써준 제목이 뜬금없이 '수컷의 반란'이라고 인쇄된 걸 발견했다. 내용과 전혀 연관되지도 않은 이런 엉뚱한 제목으로 어떻게 탈바꿈할 수 있었을까. 한글 파일로 넘겨준 원고를 다시 확인하여도 분명히 제목이 '사람을 향기롭게 세상을 아름답게'라고 되어 있다. 이 파일로 편집하여 인쇄에 넘겼을 것이다. 그 과정을 아무리 꼼꼼하게 되짚어 점검해 보아도 이런 오류가 발생할 틈이 없다. 편집 교정 단계에서 오류가 생겼다고 해도 한두 자 탈락하거나 위치가 바뀌었다면 모르나 이 긴 제목이 통째로 사라지면서 그 자리에 엉뚱하게 '수컷의 반란'이라는 제목이 들어간 건 누군가 고의로 입력하지 않고서는 도저히 일어날 수 없는 일이다.

출판문화계에서 40년 넘게 일한 필자로서는 아무리 선의로 이해하려 해도 기계 결함으로는 발생할 수 없는 일이라 강력하게 항의할 수밖에 없었다. 이미 일부 회원들과 관계기관에 이 책이 배포된 상태였다. 우선 배포된 잡지를 모두 회수하여 오류를 바로잡은 뒤 다시 배포하라고 요구했다. '수컷의 반란'이란 이 문장을 읽은 분들이 어떤 생각을 할까. 생각만 해도 끔찍했다. 여성들에 대한 남성의 도전으로 이해할 수도 있고, 남성들은 자신들을 폄훼하는 내용으로 받아들일 수도 있다. 40년 넘게 소설가로 활동하고 한국문인협회 이사장이란 직책에 있는 사람이 문예지 축사에 이런 제목을 붙였다고 하면, 이 문장을 읽은 분들은 실망을 넘어 필자의 문장력을 나무랄 수도 있다. 어떤 분이 읽을지 모르는 상황에서 일일이 만나서 변명할 수도 없어 매우 불쾌하고 황당했다. 기계 결함으로는 도저히 일어날 수 없는 상황이라 누군가 필자와 이 책을 발행하는 책임자에게 해를 끼치려고 고의로 저지른 '사건'으로 결론지었다.

뒤에 이 잡지를 발행한 책임자가 필자에게 밝힌 바로는 현 임원진과 전 임원진 사이에 약간의 알력이 있었고, 이전까지 이 문예지의 편집을 맡았던 전임 임원 중 특정인이 필자의 이 축사 원고를 넘겨달라고 하여 이 책 편집에 관여했다고 한다.

의심은 가나 그렇다고 그분을 당사자로 단정할 수는 없다. 사실 여부는 수사기관이 나서서 수사해야 정확히 밝혀지겠지만, 이를 확대하지 말고 내부에서 결과를 수습하고 원상회복하라며 부탁하고 일단 지켜보기로 했다.

크고 작은 오해와 진실이 밝혀지지 않은 채 우리 사회를 어둡고 불편하게 만드는 일이 비일비재하게 일어난다. '언어, 진실을 전달하는가 왜곡하는가'라는 이 문제를 다시 한번 깊이 있게 성찰하는 계기가 되었으면 한다.

파노플리 효과(Panoplie effect)와 고독

 인류학자들은 인류의 기원을 동남아프리카로 보고 있다. 그곳에서 약 250만 년 전에 나타난 오스트랄로피테쿠스에서 분리되어 여러 갈래의 인류 종이 생겼다. 수많은 시간이 흘러 네안데르탈(Neandertal)과 호모 사피엔스(Homo sapiens)가 남았으며, 그렇게 진화하여 남은 최종 인류 종이 호모 사피엔스다. 현생 인류인 호모 사피엔스는 1758년 스웨덴 생물학자 칼 폰 린네가 붙인 이름으로 '지혜로운 사람'이라는 뜻이다. 일부 학자들은 여기에서 더 진화하여 약 4만 년 전에 호모 사피엔스 사피엔스가 등장했다는 학설을 내놓기도 했다. 지혜로운 사람에서 더 진화하여 '지혜롭고 지혜로운 사람'이 된 것이다.

 이렇게 오랜 세월을 거치면서 마지막으로 살아남은 현생 인류 호모 사피엔스는 과연 여러 종의 소멸한 인류 종보다 지혜롭고 강했을까. 최근 일본의 진화 생물학자 하세가와 마사미 교수는 네안데르탈보다 호모 사피엔스가 더 약했기에 살아남을 수 있었다고 하여 우리의 예상을 뒤집었다. 맘모스와 공룡 등 모든 생물 가운데 크고 강한 동물들은 모두 소멸했다는 사실도 이와 무관하지 않다. 약했기에 충돌을 피하고 먼저 상대를 공격하지 않는 등 살아남는 방법을 터득했을 것이다. 우리 속담에 '모난 돌이 정 맞는다'는 말처럼 너무 도드라지면 적이 생기게 마련이며, 아무리 힘세고 덩치가 커도 적이 많아지면 존재하기 어렵다. 맘모스가 사라진 원인을 일부 학자들은 바이러스 때문이라고도 한다. 눈에 보이지 않은 작은 바이러스에 사람이 쓰러지기도 한다.

한자로 사람을 人(인)이라고 쓴다. 사람이 구부려서 무언가를 하는 모습을 상형으로 만든 글자다. 그러다가 여기에 한 글자를 더 보태어 人間(인간)이라고 쓰기 시작했다. 홀로 떠돌며 살던 인간이 남녀 한 쌍씩 짝을 이루고, 나아가 더 큰 무리를 이루면서 사회를 만들었다. 그러면서 문제가 생겼다. 사람과 사람 사이에 충돌이 생긴 것이다. 말로만 다투다가 서로 상처를 입히고 죽이고 죽는 싸움까지 일어나면서 사람과 사람 사이를 떨어지게 하려고 '間(사이 간)자를 붙여 人間(인간)이라고 부르는 것이다. 코로나19 신종바이러스가 창궐했을 때 집합 문화를 금지하고 서로 떨어져 있게 한 것은 어쩌면 집합 생활로 발전하면서 다양한 문제를 일으킨 인류에게 경종을 울리는 일이었을지도 모른다. 맘모스가 바이러스에 의해 소멸하였다는 학설이 새삼 상기된다.

파노플리 효과(Panoplie effect)라는 용어가 있다. 특정 상품을 소유하면서 그 상품을 지닌 집단과 자신을 동일시하는 현상을 말한다. 한 세트를 의미하는 프랑스어인데 기사의 투구와 갑옷 등 한 세트를 일컫는 말이 파노플리였던 데서 따왔다. 프랑스 철학자이자 사회학자인 장 보드리야르(Jean Baudrillard, 1929~2007)가 소비자가 물건을 구매하는 경향을 분석하다가 이러한 현상을 발견했다. 중세와 달리 계급이 없어진 현대사회에서 사람들은 명품을 구매하면서 상류계급으로 진입하려는 의식이 새로이 생성되었다. 특정 브랜드의 휴대폰이나 노트북을 사용하면서 그 제품을 사용하는 사람들과 집단 동류의식을 가지는 것도 파노플리 효과 현상이다.

파노플리 효과를 가져오는 현상은 물건 구매에만 해당하는 게 아니라 현대사회에서 다양한 모습으로 나타난다. 인기 연예인을 추종하는 데서부터 직장 내 자생 단체, 정치 성향으로 모이는 집단 등에서도 파노플리 효과가 적용된다. 마치 세포분열하듯 우리 사회 곳곳에 동질성을 표방하며 서로 떨어져

나가기도 하고 모이기도 하는 집단이 우후죽순처럼 생긴다. 이러한 현상이 순기능을 가져오기도 하지만 때로는 심각한 사회 문제를 드러낸다. 직장 내에서 만들어지는 일부 자생 단체는 여기에 동참하지 않는 사람이 왕따당하기도 한다고 한다. 특정인을 지지하기 위해 만드는 집단도 있다. 이런 경우에는 목적을 감추고 그럴듯한 겉모습으로 위장하기도 한다. 문화재 탐방이라든지 예술 동호회 등 사회 발전에 일조하는 단체로 위장한다. 단순히 특정인을 지지하기 위해 시작한 동호회로 그치는 게 아니라 덩치가 커지면 목소리를 높이며 의견에 반하는 집단을 공격하는 파워단체로 발전한다. 이 역시 파노플리 효과 현상이 발단이다. 특정 집단에 들어감으로써 자신을 그 집단의 사람과 동일시하는 우월감이 작동한다. 특히 정치계에서 이러한 현상이 두드러진다.

　다원화 사회에서 파노플리 효과로 빚어지는 현상은 자칫 분열을 조장하여 사회 문제가 되기도 한다. 오늘날 우리 사회에서 이러한 현상이 두드러지고 있다. 올바르게 논리로 의사를 표현하는 게 아니라 무조건 '내편'·아니면 '네편'으로 갈라져 사생결단으로 서로 상대를 비방하고 가짜 여론을 생성하면서 집단 또는 사회 기능을 마비시킨다. 이러한 사회에서는 쉬 바른말을 하거나 올바른 주장을 펼 수가 없다. 옳고 그름을 가리기도 전에 우리 편이 아니면 무조건 잘못된 것으로 몰아서 집단 공격한다. 이런 일을 한 번 겪은 사람은 불의를 보고도 두려워서 그저 침묵할 수밖에 없다.

파노플리 효과, 홀로 견디지 못하는 현대사회에서 스스로 특정 집단에 자신을 내맡기는 현상이다. 인간은 원래 혼자서 살아가야 한다. 가정을 이루고 사회를 이루어도 그 근간에는 '혼자'로 존재하게 되어 있다. 인류의 탄생 자체가 그러했기 때문이다. 혼자서 견디는 힘을 길러야 한다. 그리하여야 자기 삶에 대한 참가치를 추구할 수가 있다. 그렇게 하여 건강한 개인이 존재해야 비로소 다원화를 이루는 건전한 사회가 구축된다.

혼자서 견디는 힘은 고독이다. 고독은 자유로움으로 가는 문이다. 고독을 거치지 않고는 결코 진정한 자유를 얻을 수 없다.

아름다운 시절, 벨 에포크
(Belle Époque)

올겨울에 참 잘 어울릴, 눈이 내리는 날엔 더욱 훌륭한 앙상블을 이룰 멋진 그림 전시회 소식을 전한다. 프랑스 소박파(素朴派, Naive Art) 화가 미셸 들라크루아가 행복했던 50년 동안의 프랑스 파리 구석구석 풍경을 그린 그림 200여 점을 전시하는 「미셸 들라크루아, 파리의 벨 에포크」 전시회가 2023년 12월 16일(토)부터 2024년 3월 31일(일)까지 한국경제신문사 주관으로 예술의 전당 한가람디자인미술관 제1전시실, 제2전시실, 제3전시실에서 열린다.

들라크루아라는 이름을 가진 화가가 여럿 있다. 보통 들라크루아라고 하면 「민중을 이끄는 자유」를 발표한 외젠 들라크루아(Eugène Delacroix, 1798~1863)를 떠올린다. 19세기 프랑스 낭만주의를 대표하는 화가로 그만큼 우리에게 익숙하고 유명하다. 이번에 '파리의 벨 에포크' 전을 여는 미셸 들라크루아(Michel Delacroix, 1933~)는 미술을 좋아하는 분들이 아니면 좀 낯설게 느껴질 수가 있으나 앙리 루소(Henri Rousseau)와 함께 소박파 미술을 좋아하는 분들에게는 잘 알려진 화가 중 한 사람이다. 특히 파리의 풍경을 아름다운 색채와 구성으로 표현하는 그의 작품은 한 번 본 분은 깊이 매료당한다. 필자의 경우는 그 작품들 가운데「길 위에서」를 좋아한다. 화려하게 채색한 그의 다른 작품들과 달리 담백한 채색으로 그린 이 작품은 마치 흑백 사진을 보는 듯 어둠이 내린 시각에 높이 솟은 나무숲 사이로 난 길로 한 대의 자동차가 가고 있는 풍경을 그렸다. 자동차 전조등 불빛만 희미하게 움직임을 표현하고 있다. '자동차가 가고 있는 풍경'이라고 표현한 건 그림 속에는 자동차의 뒷모습을 보여주기 때문이다. 많은 이야기를 자동차 뒤 풍경에 남겨놓은 채 어두운 밤에 깊은 숲 속을 한 대의 자동차가 그렇게 가고 있다. 오래 눈길을 붙잡는 작품이다.

이번 전시회 소식에서 몇 가지 낯선 모습이 보인다 '소박파'라는 미술 유파와 '벨 에포크'라는 전시회 이름이 그렇다. 소박파는 '나이브 아트(naive art)'를 다른 말로 부르는 이름인데, 전문적인 미술교육을 받지 않은 화가들의 작품 경향을 말한다. 아마추어와는 다른 의미다. 가식(加飾) 없이 느끼는 그대로를 표현한다는 설명이 더 어울릴 듯하다. 순진무구하고 천진난만하게 표현한다. 특별히 미술 사조의 유파로 분류하지는 않으나 시대구분 없이 이러한 경향을 가진 작품을 그리는 화가를 통칭하는 용어다. 수많은 유파가 생성 소멸했지만 소박파는 이에 영향을 받지 않고 지금까지 존재하고 있으며 앞으로도 계속 우리 곁에서 맑고 아름다운 작품을 보여줄 것이다. 바꾸어 말하면 사회의식의 변화와 무관하게 우리의 일상 속 이야기를 있는 그대로 언제나 그림 속에 담아왔다는 의미도 된다. 소박파라고 부르는 이유도 이런 특징을 표현한 것이다. 간혹 '일요화가'라고 부르기도 한다. 따라서 이들의 작품을 처음 접하는 관객들은 주류 화풍의 작품들과 다른 경향에 다소 의아한 의문을 가질 수도 있다. 어찌 보면 만화 같기도 하며 잘 그린 삽화 같다는 사람들도 있다. 소박파 그림에 좀 더 가까이 다가가면 이런 관람평은 금세 사라지며 낯설고 경이로운 감동이 푹 빠진다.

벨 에포크(Belle Époque)는 유럽사(史)의 한 시대를 구분하는 용어로 '아름다운 시절'이라는 뜻을 지니고 있다. 19세기 말부터 제1차 세계대전이 일어나기 직전까지를 가리킨다. 이때가 유럽 역사에서 가장 평화로웠으며 경제와 문화가 번성하던 시기다. 이 벨 에포크가 제1차 세계대전 발발로 무너지면서 유럽 역사는 혼돈의 시대로 들어선다.

이번 미셸 들라크루아 전시회 이름에 '파리의 엘 에포크'라 이름을 붙인 건 바로 이 시절의 파리 풍경을 담은 작품들을 전시하기 때문이다. 파리, 그것도 엘 에포크 시절의 파리 모습이다. '아름다운 시절'이 어떤 모습인지 미셸 들라크루아는 아름다운 작품으로 보여준다. 21세기 혼돈의 시대를 정화하는 청량제 역할을 충분히 하고 있다.

 '아름다운 시절', 우리에겐 그 시절이 언제였을까. 90세가 넘은 화가 미셸 들라크루아는 이번 전시회를 앞두고 한국의 관객들에게 그 느낌을 이렇게 전한다.

 "1930년대 후반은 모두에게 '아름다운 시절'이었습니다. 제2차 세계대전이 일어나기 전이었으니까요. 물론, 저에게도 역시 아름다운 시기였습니다.

 저는 행복한 어린아이였거든요. 행복한 어린 시절을 살았다는 것은 제 인생 최고의 시작이었습니다."

 화가 미셸 들라크루아의 말처럼, 동무들과 소꿉장난하던 그때가 우리의 아름다운 시절이 아니었을까. 미셸 들라크루아의 아름다운 작품 위에 그 시절을 오버랩해 본다.

다자이 오사무의 중편소설 『인간실격』

오래전에 읽은 중편소설 『인간실격』(다자이 오사무, 김춘미 번역, 민음사, 2012)을 다시 읽었다. 왜 이 소설을 다시 읽었느냐고 묻는다면 "이 소설 속에 그 답이 있다"라고 대답할 수밖에 없다. 오늘날 우리 사회의 자화상을 이 소설에 빗대어 설명하는 건 슬픈 일이다. 그러함에도 굳이 한 마디 덧붙이고 싶다면, 이 민음사 판 표지에 올린 오스트리아 화가 에곤 쉴레의 대표작 「꽈리 열매가 있는 자화상」 그림도 이 책을 다시 잡는 데 한몫했다. 에곤 쉴레와 이 소설의 주인공 요조의 삶이 닮은 데가 많다.

이 소설은 구성부터가 좀 특이하다. '나'라는 화자(話者)가 서술하는 서문과 후기가 있고, 그 사이에 주인공 요조가 등장하는 수기 3개가 있는 액자소설이다. 마치 이 소설이 주는 복잡한 인생 역정을 시사하는 듯한 구성이다. 서문은 '나는 그 사내의 사진 세 장을 본 적이 있다'로 시작하며 어린 시절, 학

창 시절, 그리고 성인이 된 모습의 사진을 소개한다. 연령대는 각기 다르나 표정은 모두 이지러져 있다. 첫 번째 수기는 '부끄럼 많은 생애를 보내왔습니다. 저는 인간의 삶이라는 걸 도무지 이해할 수 없습니다.' 이렇게 첫 문장을 시작한다. 인간을 이해하려다 실패한 주인공 요조의 넋두리다. 요조는 자신 외의 '인간들'을 이해할 수 없을 정도로 순수함을 지닌 채 부잣집에서 태어났다. 그는 다양한 부류의 이 '인간들'과 동화하기 위해 부단히 노력하나 인간들의 위선과 잔인함으로 번번이 실패로 끝난다. 이에 실망하고 그는 방탕한 생활을 하다가 마약에 중독되기에 이르며 여자와 함께 자살을 시도하나 이마저도 실패하고 여자만 죽는다. 결국 믿고 의지하던 집안으로부터도 절연 당하고 홀로 시골 외딴집에서 쓸쓸하게 죽음을 기다리는 '인간 실격자'로 전락한다. 서문과 후기, 그리고 세 개의 수기를 통해 한 인간이 사회와 인간들로부터 '실격' 판정을 당하는 모습을 여실하게 보여준다.

참 황당하고 허무하고 쓸쓸한 기분을 남기는 작품이다. 다자이 오사무는 왜 이 소설을 썼을까. 그 답은 이 소설에서 찾길 바란다. 1948년, 이 소설을 발표하던 그해에 다자이 오사무는 서른아홉 살에 사랑하던 여인과 동반 자살로 생을 마감하였다. 마치 소설 속의 한 장면을 연출하듯 그렇게 세상에서 사라졌다. 자기의 삶조차 '인간 실격'으로 만들면서 인간의 실체를 끝내 오리무중 속으로 묻어 버린 것이다.

'실격'이 있으면 '합격'도 있을 것이다. 다자이 오사무가 그토록 이해하며 찾으려고 노력하였던 '인간 합격'에 해당하는 사람들은 도대체 어떤 모습일까. 여러 가지 답이 나오는 물음이다. 수많은 철학자가 이 명제를 두고 다양한 결과를 내놓기도 하였으며, 종교가 이 문제를 다루기도 한다. 이해하기 쉽게 하나의 명쾌한 답이 필요하나 그건 아무래도 힘들어 보인다. 인간의 실존 자체가 자의적이지 않았던 만큼 인간 스스로 만든 사유(思惟)로는 설명하기 힘든 영역이어서일까.

아무러하든 '인간의 참모습이 어떤 것인가'라는 질문에 답이 없다면 참 허무하다. 만물의 영장이라는 인간이 어떤 모습이어야 하는가에 대한 답이 없을 리 없다. 우리가 찾지 못하고 있거나 너무 고상하게 다듬으려다 오히려 혼란을 자초해서 그렇다.

그 해답 가운데 하나로 덕(德)을 든다. 덕을 지닌 사람이 인간의 본래 모습에 가장 가깝다고 여겨서 이 글자가 만들어졌다. 중국 후한의 허신(許愼)이 저술한 『설문해자(說文解字)』에 보면 德(덕)의 본래 글자는 悳(덕)이다. 곧을 직(直)과 마음심(心)을 합친, 즉 올곧게 착한 심성을 상형으로 표현한 것으로 인간으로서 도리를 다하려는 마음을 나타내는 글자다. 여기에 '간다'라는 의미의 彳을 붙여서 德(덕)이라고 쓴다. 올곧은 마음으로 세상을 살아가라는 의미가 담겨 있다.

이 德(덕)이라는 글자가 등장한 건 지금으로부터 3천여 년 전 중국 주(周)나라 건국 때다. 중국 역사는 하(夏), 상(商), 주(周)로 이어지는데 하와 상나라는 하늘에서 내린 사람이라 하여 왕을 천자(天子)라 불렀다. 인간이 범접하지 못하는 절대 권위를 가지고 태어난 사람이다. 백성을 한마음으로 묶어 통치하기 위한 이데올로기로 하늘을 불러왔다. 상나라 마지막 왕 주(紂)가 폭정을 하다가 몰락하고 주나라가 들어선다. 이때 천자를 없애는 역린으로 혼란에 빠진 백성들을 위무하고 혁명의 당위성을 내세우기 위해 하늘(天)을 대신해서 德(덕)이 등장한다. 천자였던 상나라 주왕이 덕을 잃었으므로 그 왕을 폐하고 인간다운 사람들이 사는 덕이 있는 새로운 나라를 건국했다고 한 것이다. 중세 서양의 르네상스처럼 천권(天權)에서 인권(人權)으로 세상이 바뀌는 순간이다. 중국 역사는 하, 상, 주로 시작하나 하와 상나라는 제정일치 시대에서 크게 벗어나지 못했으며 주나라에 와서야 비로소 틀을 갖춘 인본주의 국가가 성립하는 것이다. 그 힘이 바로 덕(德)에서 나왔다. 천권에서 인권으로 바뀌었다고는 하나 오늘날의 '인권'과는 다른 모습이다. 그러나 덕을 주창한 이때의 인권이 춘추전국 시대를 지나면서 백가(百家)를 등장하게 하였고, 이때 인간 세상을 정리하는 각종 철학이 등장한다. 노자와 장자, 그리고 공자와 맹자가 이 시대에 나타난다. 덕을 지닌 사람, 어질고 너그러운 덕성(德性)을 가진 사람들이 사는 세상, 흔히 말하는 요순(堯舜)시대가 백가들이 바라는 바로 그런 세상이었다. 공자 철학의 핵심인 인(仁)도 이 덕으로부터 생성된다.

  그로부터 3천 년의 세월이 지난 지금 인간이 요망하던 그러한 세상이 완성되었는가. 아니면 다자이 오사무가 『인간 실격』을 쓴 것처럼 더 혼탁해진 세상으로 변질한 건가. 우리는 인간으로서 합격인가 실격인가. 부질없다 하면서도 이 소설을 읽고 나면 한 번쯤 이러한 생각을 해보게 된다. 실격자가 많다고 해서 실망할 일은 아니다. 그만큼 합격으로 가는 길이 넓다는 희망의 의미도 되기 때문이다.

레프 톨스토이의 『인생론』과 아름다운 삶

"우리는 익숙해진 생활에서 쫓겨나면 절망하지만, 사실은 낯선 그곳에서 새롭고 좋은 일이 시작된다."

– 레프 톨스토이

화는 불과 같아서 참으면 자기에게 상처가 생기며 뱉어내면 누군가가 다친다. 살아가면서 한 번쯤 화를 내며 누군가를 미워해 보지 않은 사람이 있을까. 화를 참거나 뱉어내지 않고 대장장이 신 헤파이스토스(Hephaistus)가 불로 쇠를 다루듯 그 화를 녹여 삶의 지혜로 바꿀 수만 있다면 화는 긍정의 도구가 된다. 그리하여 미워하는 사람을 용서하고 화해하며 내 안에 품을 때 내게 일어나는 그 불은 마침내 삶의 에너지로 바뀐다.

오늘은 우리에게 대문호로 잘 알려진 러시아 작가 레프 톨스토이(Lev Nikolaevich Tolstoi, 1828~1910)를 생각해 본다. 그를 소설가로 활동한 줄로만 아는 분들이 의외로 많다. 그는 훌륭한 문인이기도 하지만 종교인과 사상가로도 크게 활동하였다. 어찌 보면 그의 문학 창작 활동은 종교와 철학처럼 자신의 인생을 다듬고 가꾸는 방편의 하나였을지 모른다. 그가 15년이라는 긴 시간 동안 심혈을 기울여 쓴 책이 있다.『인생론』(톨스토이, 이선미 옮김, 메이트북스, 2020)이다. 국내 여러 출판사에서 '인생론' '참회록' '톨스토이 명언' 등으로 출간되었다. 그는 주옥같은 명작을 많이 발표했는데도 이 책을 가장 사랑한다고 했다. 그가 1910년 겨울에 한 간이역 숙직실에서 폐렴으로 사망할 당시 동행한 딸에게 이 책의 한 구절을 읽어달라고 했으며, 그는 딸이 읽어주는 이 책 내용을 들으면서 평화롭게 눈을 감았다.

큰 영지(領地)를 가진 귀족 집안에서 태어난 톨스토이는 9살 때 부모를 여의고 친척에게 의탁하여 양육 받으며 자랐다. 16살 때 대학에 들어갔으나 현실 교육에 적응하지 못하고 방황하다가 자퇴하기도 한다. 세상을 미워하며 힘든 시기를 보내다가 이를 극복하고 제일 먼저 쓴 작품이 1852년에 발표한 자서전 격인『유년시대』다. 그는 이 작품을 익명으로 발표하였고, 이어서『소년시대』(1854)와『청년시대』(1856)를 발표하였는데, 이 작품들이 독자들에게 큰 사랑을 받았다. 말하자면 그는 문학 작품보다 자신의 체험을 통한 인생 이야기를 먼저 세상에 내놓은 것이다.

 방황을 멈추고 1856년 페테르부르크로 돌아온 톨스토이는 자기 영지에서 일하는 농노들과 그들의 자녀를 교육하기 위해 고심한다. 1857부터 4년여를 프랑스와 독일의 초등학교를 돌아보고 와서 야스나야 폴랴나에 이들을 위한 학교를 설립하고, 직접 교과서를 집필했다.

 이렇듯 그는 소외된 사람들과 모순된 사회제도를 변화시키기 위해 다양한 방법으로 행동한다. 말하자면 크게는 사회 현상에 관심을 가지는 것이지만 결국 이것은 자기가 가야 할 '삶의 길'로 선택한 것이다. 톨스토이의 마지막 작품 역시 1910년에 발표한 『인생의 길』이다. 이것이 그의 최후 작품이며, 이 작품을 발표한 그해 11월 20일 여행 중에 세상을 떠났다.

 톨스토이 작품 가운데 중편소설 『이반 일리치의 죽음』(김연경 옮김, 민음사, 2023)이 있다. 판사인 주인공 이반 일리치가 병이 들어 세상을 떠나는 과정을 그린 내용인데, 톨스토이가 평생을 두고 추구해 온 종교와 인생관, 육체와 정신, 삶과 죽음에 대한 의미를 이 작품에서 심도 있게 그렸다. 이렇듯 깊이 있는 문학을 추구한 작가도 결국 죽음을 피할 수 없는 한 사람의 자연인일 뿐이다. 그래서 그는 대단한 문학가 사상가로 살아가려고 한 게 아니라 완성된 자연인의 한 사람으로 살고 싶었을 것이다. 그가 집필한 작품들을 면면히 살펴보면 '톨스토이'라는 한 자연인의 삶이 읽힌다. 『전쟁과 평화』 『안나 카레니나』 『부활』과 같은 작품 역시 자신의 삶을 올곧게 가꾸어 온 그의 사회사상과 철학으로 완성했기에 우리에게 영원한 명작으로 남겨졌다.

누구에게든 아름다운 삶이 있다. 또 그것을 누릴 기회도 있다. 하지만 자기가 행복하다고 여기는 사람은 그리 많지 않다. 왜일까. 우리 스스로 자신을 가꾸고 성장시키는 데 소홀했기 때문이 아닐까.

아름답다는 말은 '아름'에 '-답다'가 합쳐진 것이다. 아름이라는 말의 뜻은 두 팔을 벌려 안은 모습 외에 여러 가지가 전하나 이 말의 어원을 보면 '앎'과 '나[我]'로 집약된다. 1447년에 펴낸 석가모니 일대기 『석보상절(釋譜詳節)』에 '아름'이 '나'라는 의미로 나온다고 한다. 아무러하든 아름에 '나' 또는 '앎'이라는 뜻이 담겼다는 건 매우 놀랍다. '아름답다'라는 말은 결국 '나답다'라는 의미가 되기 때문이다. 가장 나를 닮았을 때, 그것이 가장 아름다운 모습이라는 게 아닌가. 각기 다른 일을 하며 다른 삶을 살아가지만, 우리가 '인간'이라는 본질에서 보면 서로 다르지 않다. 욕망으로 하는 일에 끌려가는 게 아니라, 참삶을 살면서 만들어지는 그 과정과 결과가 '나'

의 모습이었을 때 그 '나'는 세상에서 가장 아름다운 모습이 된다.

톨스토이가 추구한 것처럼, 삶은 어떤 결과를 만들기 위해 존재하는 게 아니라 결과가 만들어지는 그 과정이 곧 삶이다. 그것이 나를 성장시키는 힘이다. 아름다운 한 송이 꽃을 가꾸듯 우리는 '나'를 변화 성장시켜야 한다. 내가 나를 가꾸고 성장시키지 않으면 다른 사람들도 나를 중요하게 바라보지 않는다. 누구든 세상에 태어나면 그 순간부터 귀한 보석이고 소중한 존재이지만, 가꾸지 않으면 그 보석은 빛을 잃는다.

욕망으로 '자유'를 그린 화가
에곤 실레(Egon Schiele)

28살에 세상을 떠난 오스트리아의 표현주의 화가 에곤 실레(Egon Schiele, 1980~1918), 세상을 떠난 지 105년이 지난 지금까지 사람들의 가슴에 여전히 그가 살아 움직이는 이유는 무엇일까. 그의 작품을 좋아하는 걸 넘어 영화, 뮤지컬, 희곡, 심지어는 소설책의 표지로까지 이용하는 열정을 보인다. 파리를 여행하는 젊은이들이 몽마르트르나 에펠탑을 꼭 보고 오듯이, 오스트리아 빈을 여행하는 젊은이들은 에곤 실레의 작품을 보기 위해 레오폴드 미술관을 찾는다. 이 미술관에는 구스타프 클림트의 작품도 있으나 사람들은 에곤 실레의 작품에 더 큰 관심을 보인다. 심지어는 구스타프 클림트를 보러 갔다가 에곤 실레에 반한 뒤 돌아왔다고 말하는 사람들도 있다.

맨부커상을 받은 소설가 한강의 소설 『채식주의자』(한강, 창비, 2017) 표지에는 에곤 실레의 작품 「네 그루의 나무」를,

다자이 오사무의 소설 『인간 실격』(다자이 오사무, 민음사, 2012) 표지에는 에곤 실레의 대표작인 「꽈리가 있는 자화상」을 배경 그림으로 사용했다. 『채식주의자』의 주인공 영혜와 『인간 실격』의 주인공 요조가 화가 에곤 실레의 삶과 닮은 데가 많다. 닮은 게 아니라 어쩌면 영혜와 요조는 에곤 실레와 동격의 인물일 것 같은 착각을 불러일으킨다. 생각은 독자의 몫이겠지만, 세 사람 모두 사람들이 그토록 도달하고 싶어 하는 '자유 공간'에 이르기 위해 몸부림쳤으며, 에곤 실레처럼 표현주의를 실현하듯 평범하지 않은 자신의 삶을 살았다.

2016년 12월에 흥미로운 영화 한 편이 개봉되었다. 디터 베르너 감독이 연출한 영화 「에곤 실레: 욕망이 그린 그림」이다. '청소년 관람불가'로 개봉한 영화다. 화가 에곤 실레의 누드 모델이 되었던 네 명의 여자를 등장시켜 에곤 실레의 삶을 다큐멘터리 형식으로 구성한 영화다. 영화가 진행되는 내내 자주 등장하는 대사가 "난 그림을 그려야 해. 그림을 안 그리면 나는 죽을 거야, 알잖아."다. 에곤 실레는 28살의 짧은 삶을 사는 동안 끊임없이 그림을 그렸다. 작품 대부분 포르노에 가까운 소녀 또는 젊은 여성의 누드와 자화상이다. 그는 성(性) 욕망을 통해 자유공간에 다가가려고 했다.

이 영화는 일반 개봉에 앞서 같은 해 9월에 스위스 취리히 국제영화제에서 세계 최초로 상영되었고, 10월 6일에 개막한 제21회 부산국제영화제 월드시네마 섹션에도 공식 초청되어 아시아 최초로 국내 관객에게 먼저 소개되었다. 우리나라에서 세계 두 번째 공식 상영한 셈이다.

2022년에는 에곤 실레의 일대기를 그린 국내 창작 뮤지컬 「에곤 실레」가 HJ컬쳐에서 제작되어 공연되었으며, 이듬해 서경대학교 공연예술센터에서 재연되기도 하였다. 이 뮤지컬에서 거울 속 자기 모습을 바라보며 수많은 자화상을 남긴 에곤 실레 역을 맡은 배우가 무대에서 "내 그림은 사원과 같은 곳에 걸려야 합니다" 하고 외친다. 실제로 1981년 빈 분리파 작가 전시회에서 에곤 실레의 작품이 중앙전시실에 전시되면서 그는 유명한 화가가 되었다. 이 뮤지컬에서 에곤 실레는 자기 작품을 설명하며 그 작품에 얽힌 에피소드를 전한다.

에곤 실레, 그는 평소 "나는 나를 위해 존재한다"라고 하며 누드와 자화상(자화상 역시 누드가 많다)을 끊임없이 그렸다. 무엇이 그토록 이 젊은 작가의 삶을 송두리째 붙들고 있었을까. 그의 자화상을 처음 보면 아름답기보다 그로테스크하다는 표현이 앞선다. 누드 역시 에로틱하기보다 일그러진 얼굴,

뒤틀린 몸, 마치 칼로 도려낸 듯한 날카로운 선은 혐오와 공포를 느낄 수 있다. 그런데 보면 볼수록 시선이 빨려든다. 마치 자기 자신의 이중성(욕망+자유)이 추출되어 그림에 들어간 듯한 착각에 매료된다. 광대뼈가 불거져 나올 정도로 깡마른 몸에 불안에 가득 찬 눈으로 관객을 쏘아본다. 이 시선에서 미래가 불투명한 20대 젊은이들의 불안과 저항을 본다.

어릴 때부터 그림 그리기를 좋아한 에곤 실레는 역장이었던 아버지로부터 자주 야단맞는다. 그의 아버지는 그림보다 그를 철도 직원으로 키우고 싶어 했다. 그의 아버지는 어머니에게도 자주 폭력을 행사했으며, 그런 그의 아버지는 그가 15살 때 매독으로 세상을 떠났다. 비록 미워했던 아버지지만, 아버지의 죽음 앞에 조금도 슬퍼하지 않은 어머니에게서 그는 연민보다 몰인정한 인간에 대한 증오를 본다. 이때 받은 충격으로 그는 어머니에게 저주에 가까운 마음을 갖게 된다. 우여곡절 끝에 1906년 17살에 명문 빈 미술아카데미에 입학하였으나 매너리즘에 빠진 교수진에 불만을 품고 3년 만에 자퇴한다. 이때 구스타프 클림트 등이 추구하던 분리파 제체시온(Secession)에 합류하여 클림트로부터 작품 세계를 인정받고 유명해진다.

1912년 노이렌바흐에서 연인과 동거하며 미성년 소녀들의 누드를 그렸다는 죄목으로 체포되었다. 노이렌바흐가 어머니의 고향이란 점이 예사롭지 않다. 그의 누드모델이었던 소녀들 가운데 한 명이 그를 고발했는데 당시 그의 작업실에는 100점이 넘는 포르노에 가까운 그림이 있었다. 결국 유죄 판결로 21일간 구금 생활을 했다. 황당한 일은 재판을 진행하던 판사가 그의 그림 한 점을 직접 촛불에 태워버렸다고 한다.

빈 분리파 전시회에서 크게 주목받은 그해 1918년 가을, 유럽 전체에 검은 그림자를 드리운 스페인 독감에 감염, 그의 아내 에디트(Edith)는 임신 6개월로 사망하고, 에곤 실레도 3일 뒤 28살에 세상을 떠났다. 아내가 사망한 뒤 자신이 죽기까지 3일 동안 그는 혼신의 힘을 모아 에디트를 모델로 한 스케치 몇 점을 마지막 작품으로 남겼다.

빈 레오폴드 미술관에는 에곤 실레가 22살이던 1912년에 그린 작품「추기경과 수녀」가 있다. 검은 모자와 옷을 입은 추기경과 하얀 옷을 입은 수녀가 포옹하고 키스하는 장면이다. 추기경은 무릎을 꿇었다. 서로 욕망을 탐닉하는 이 그림은 당시 사회에 큰 충격을 주었다. 수녀는 키스하며 관람객을 바라본다. 에곤 실레는 그 눈빛에 두려움과 수치심과 긴장을 담았다. 이 작품이 선과 악, 욕망과 자유 등 인간의 내면에 깊이 감추어 있는 그 본질을 표현주의 예술로 승화시킨, 자유를 추구한 화가 에곤 실레의 작품 세계를 가장 극명하게 보여주어 오래도록 인상에 남는다.

김호운
소설가, 수필가

 1978년『월간문학』신인작품상에 단편소설「유리벽 저편」이 당선되어 등단. 장편소설『표해록(漂海錄)』『바이칼, 단군의 태양을 품다』등, 소설집『그림 속에서 튀어나온 청소부』『사라예보의 장미』등, 콩트집『궁합이 맞습니다』(전2권) 등, 에세이집『연꽃,미소』, 인문학 저서『소설학림』등 작품집 30여 권 출간. 한국소설문학상, 한국문학백년상, 녹색문학상. PEN문학상, 둔촌이집문학상, 대한민국예술문화대상, 리더스에세이문학 대상 수상, 문화체육관광부장관 표창, 문화체육관광부 문학진흥정책위원, 한국소설가협회 이사장 역임. 현재 국립한국문학관 자문위원, 국제펜한국본부 자문위원, 한국문학예술저작권협회 이사, 산림문학회 고문, 한국문인협회 이사장

E-mail. penker@naver.com

나비를 잡는 아이의 마음

초판 인쇄　　2024년 2월 16일
초판 발행　　2024년 2월 22일

지은이　김호운
발행인　임수홍
디자인　맹신형

발행처　한국문학신문
주　소　서울 강동구 양재대로 114길 32　2층
전　화　02-476-2757~8　　FAX 02-475-2759
카　페　http://cafe.daum.net/lsh19577
E-mail　kbmh11@hanmail.net

값　18,000원

ISBN 979-11-90703-82-6

· 저자와의 협약에 의해 인지는 생략합니다.
· 이 책의 글은 저작권법에 따라 보호를 받는 저작물이므로 저자와
  출판사의 동의 없이는 무단 전재 및 무단 복제를 금합니다.

· 잘못된 책은 바꾸어드립니다.